Recomendaciones

La iglesia del mañana se ve y se siente muy distinta de la iglesia del ayer. El mensaje sigue siendo el mismo, pero los métodos siguen creciendo y ajustándose a las nuevas realidades. En *Fuera de la caja*, Martijn van Tilborgh te desafía a ser curioso con respecto al futuro y a explorar para descubrir nuevas tierras y oportunidades. Sácate a ti mismo, a tu liderazgo y a tu iglesia de la caja en la que han estado.

— *Sam Chand*
Consultor de Liderazgo
utor de éxitos de ventas
Atlanta, Georgia

En *Fuera de la caja*, Martijn van Tilborgh, uno de los agentes catalíticos de Dios para sacarnos de nuestra zona de comodidad, nos lleva en un viaje que nos saca de las cajas en las que hemos vivido y que impiden que la grandeza de Cristo se manifieste a través nuestro. Martijn te comparte su propia experiencia de ser sacado de la caja por la mano de un Padre amoroso y cuidadoso, y su recorrido hacia la gran aventura que es vivir en el reino. Es allí donde vivimos momentos que quiebran paradigmas y que nos llevan a futuros con finales abiertos en lugar de futuros con finales cerrados; futuros donde nuestras expectativas ya no están limitadas, sino que son ilimitadas. Permite que este emprendedor de reino, estelar y profético, te lleve en un recorrido guiado por el Espíritu. Te llevará a un lugar donde verás posibilidades que eliminarán los falsos límites impuestos por las cajas en las que has vivido. Te llevará a un lugar donde disfrutarás la libertad de estar *fuera de la caja*, viviendo como hijo o hija de Dios. Las cinco claves que presenta Martijn para salir de la caja, cuando las apliques, cambiarán la trayectoria de tu vida mucho más de lo que imaginas. ¡Disfruta salir de la caja!

— *Dr. Mark J. Chironna*
Pastor, Iglesia "Church On The Living Edge"
Longwood, Florida

Ya sea que el mensaje profético fuera comunicado por Juan el Bautista, con todas sus peculiaridades, por Ezequiel con sus enigmáticos anuncios, o por la juventud y aparente inmadurez de Jeremías, lo que no se puede desconocer es la importancia de lo que Dios les dio para compartir con otros. Dios lo ha hecho de nuevo a través de Martijn van Tilborgh. Sin lugar a dudas, *Fuera de la caja* es una voz profética de Dios y Martijn es Su vasija. Este libro es indispensable para los líderes y la iglesia. Y como dice 2 Pedro 1:19 (NTV), este mensaje es "una lámpara que brilla en un lugar oscuro". ¡Prepárate para ser desafiado, transformado y empoderado!

— *Van Moody*
Autor de éxitos de ventas, Arquitecto de liderazgo, Pastor
Birmingham, Alabama

He tenido el privilegio de trabajar en estrecha colaboración con Martijn durante varios años. Es un innovador, un estratega y un hombre de Dios. En cada conversación que tengo con Martijn, soy desafiado a expandir mi mente y a pensar distinto. ¡Leer *Fuera de la caja* te ayudará a ser la persona innovadora que Dios diseñó!

— *Brian Dollar*
Pastor de Niños, Autor de "I Blew It! ('Lo arruiné') y
"Hable ahora y después"
Fundador, HVK Ministry Resources
Little Rock, Arkansas

En este libro, Martijn nos lleva en un viaje. Conociendo a Martijn, te puedo asegurar que es un viaje que él mismo ha hecho. Martijn y su familia hoy viven una vida que él pudo ver en el espíritu mucho antes de que se manifestara en lo natural. Este libro trata acerca del camino que hizo que ocurriera. Fue necesaria una valentía sobrenatural y una voluntad extrema para dejar atrás, literalmente, todo lo que tenían y conocían. *Fuera de la caja* te desafiará y te ayudará a entrar en el emocionante proceso de salir de la caja. Es un proceso que te ayudará a descubrir la forma de ser la iglesia de Jesucristo en la tierra, desde una perspectiva de reino.

— *Klaas van Denderen*
Presidente, Fundador, Father´s House Ministries
Ámsterdam, Países Bajos

Una vez cada tanto encuentro libros que me hacen detenerme a pensar. *Fuera de la caja* es uno de esos libros. No pude parar de leerlo. Es mucho más que un libro; es un cambio de paradigma que reprogramará el GPS del futuro de tu organización. Prepárate para subrayar, resaltar y, sobre todo, actuar. Si has pasado mucho tiempo en una caja, esta es una invitación a salir de allí de una buena vez.

— *Simon T. Bailey*
Líder, "The Brilliance Movement"
Windermere, Florida

Fuera de la caja marca un sendero a través de los paradigmas de nuestra fe para guiar, brillantemente, a los lectores a la vida más abundante y más rica que hemos sido llamados a vivir. A través de conversaciones transparentes de revelación bíblica, Martijn desafía a los lectores a salir de las cajas que limitan nuestras vidas y adentrarse en las ilimitadas posibilidades que ofrece Dios. Más que un simple libro, *Fuera de la caja* será tu manual para la transformación y el cambio que te llamará a salir de la caja y vivir sin límites.

— *Sergio de la Mora*
Pastor principal, Iglesia "Cornerstone" de San Diego
Autor, "The Heart Revolution and Paradox"
(La revolución y la paradoja del corazón)
San Diego, California

"Las cajas matan los sueños". Esa afirmación del autor Martijn van Tilborgh, en su nuevo libro, *Fuera de la caja,* junto con las historias y principios narrados en el mismo, te ayudarán a ver tu vida desde una perspectiva fresca y con nuevas posibilidades. *Fuera de la caja* es un libro lleno de esperanza e inspiración que te desafiará a avanzar en tu vida en gran manera.

— *Mike Lukaszewski*
Emprendedor, Consultor, Orador
Atlanta, Georgia

Fuera de la caja te llevará de tener potencial a realizar tu potencial. Martijn es un magistral narrador inspiracional que, además, presenta el proceso paso-a-paso necesario para liberarte de los paradigmas actuales a fin de llegar a ser todo lo que Dios te llamó a ser. Sus palabras de sabiduría te ayudarán a crecer radicalmente en las áreas más importantes de tu vida. Personalmente, me ha ayudado a lanzar y hacer crecer compañías que están alcanzando a gente en todo el mundo de maneras que jamás me hubiera imaginado en mi vieja "caja".

— *Dr. Ben Lerner*
Fundador, "The Ultimate Impact Group"
Doctor del Equipo mundial de Lucha de los Estados Unidos
Autor de Éxitos de Ventas de New York Times
Windermere, Florida

Fuera de la caja es un libro que debiera ser obligatorio para todo pastor y cristiano. Martijn te desafía a pensar de manera diferente acerca de cómo y por qué "hacemos" iglesia. La información que contiene este libro es fundacional, bíblica y crítica para la actualidad. ¡Pon este libro primero en tu lista de lectura!

— *Ryan Frank*
Presidente, Revista KidzMatter ®
Autor, Orador, Emprendedor
Marion, Indiana

Este excelente mensaje y clara enseñanza están en total armonía con lo que Dios me ha venido hablando.

— *Erik Erikson*
Fundador, Presidente, "The Gospel Channel"
Reykjavik, Islandia

Podemos aprender grandes lecciones de momentos de dolor personal. Si somos sabios, también podemos aprender del dolor de otros que nos comparten esas lecciones. En *Fuera de la caja,* Martijn comparte con nosotros, no sólo las lecciones de dolor sino también cómo Dios ha obrado en su vida para mostrarle cómo convertir esas lecciones en un avance del reino. Te animo a que utilices esta narración práctica y llena de esperanza para tu propio beneficio.

— *Dave Travis*
Ex director ejecutivo, Leadership Network
Atlanta, Georgia

Fuera de la caja es un libro que todo líder de iglesia debe conseguir y leer. Tu antigua manera de pensar y de hacer será desafiada para que puedas romper con lo viejo para entrar en lo nuevo.

— *Benny Pérez*
Pastor principal, www.thechurchlv.com
Las Vegas, Nevada

Advertencia: no tomes este libro si estás contento con el *status quo*. En *Fuera de la caja*, Martijn muestra los planos que podemos seguir para transformar nuestra visión de la limitación de lo de siempre, a todo lo que es posible en la economía ilimitada de Dios. Martijn, te hace meditar profundamente, te obliga a quitarte las ojeras y pensar cómo tus pensamientos, tus planes y tus metas pueden estar siendo limitadas por pensar "dentro de la caja". Luego, presenta un plan de acción para construir el reino radical de formas relevantes, transformadoras e inspiradoras, amando lo que hacemos.

— *Beth Frank*
Director Creativo, Revista KidzMatter ®
Marion, Indiana

Fuera de la caja es un libro perspicaz, escrito por una de las mentes más lúcidas de nuestro país. Te desafiará a salir de tu zona de comodidad y te inspirará a vivir donde la verdadera aventura se encuentra *fuera de la caja*. Si deseas ser todo lo que Dios quiere que seas, pon en práctica la sabiduría de un líder del pensamiento que ha logrado escapar a los límites de su propia caja.

— *Zoro*
Baterista de fama mundial
Autor, "Soar: 9 Proven Keys for Unlocking Your Limitless Potential"
[Vuela: 9 claves para desbloquear tu potencial ilimitado]
Los Ángeles, California

Si alguna vez el título de un libro describió a la perfección a su autor, es el caso de *Fuera de la caja*. El genio de negocios no-convencional y poco ortodoxo de Martijn no sólo ha sido de inspiración para mí, sino que ha sido la clave para su propio éxito y el de otros que lo han seguido. La historia detrás de *Fuera de la caja* es una de un camino poco recorrido pero esencial para el crecimiento de cualquier aspirante a líder. La vida de Martijn te obliga a darte cuenta de que lo único que te impide alcanzar el cumplimiento de todo tu potencial, es la caja.

— *Erik Lindamood*
Director de Precious Metals Monetization
Socio, Barksamen Inc.
Nimes, Francia

Si estás cansado de vivir una vida común y corriente, y tu corazón anhela más, prepárate para extenderte más allá de lo que te resulta familiar y cómodo. Martijn nos desafía con *Fuera de la caja*, no sólo a pensar *fuera de la caja*, sino también a vivir fuera de cualquier caja que nos pueda haber estado reteniendo e impidiendo vivir la vida abundante para la cual fuimos creados. En su libro, nos ofrece un plan estratégico, paso a paso, que es práctico y, a la vez, profundo. Requiere algo de trabajo de nuestra parte, pero es necesario para vivir de otra manera. Para quienes tienen un apetito insaciable por alcanzar más, *Fuera de la caja* te inspirará a elevarte a nuevas alturas de revelación para que puedas descubrir quién eres y cumplir el destino profético que Dios planeó para ti. *Fuera de la caja* es como un gimnasio para la mente. ¡Prepárate para una buena sesión de entrenamiento!

— *Kathy R. Green*
Autora, Oradora, Consultora, KRG Publications LLC
Flower Mound, Texas

Fuera de la caja contiene revelaciones frescas y únicas que sólo pudieron ser entregadas por el mismo Espíritu Santo a Martijn, para este tiempo. Este libro ayudará a quien esté buscando una realización, un propósito y un destino. Algunos de los conceptos, como la necesidad de cambiar nuestra manera de pensar como un método para encontrar soluciones innovadoras a problemas humanos, son aplicables no sólo en la iglesia o el ministerio sino también en cualquier otro ámbito de la sociedad. Martijn explora magistralmente el pensamiento *fuera de la caja* y lo aplica prácticamente.

— *Ayodeji Ani*
Emprendedor
Lagos, Nigeria

Martijn desafía las cajas que hemos creado en el ministerio y el liderazgo a través de nuestro paradigma de "iglesia". Él nos trae de vuelta a la mentalidad de reino que necesitamos para ser más efectivos en nuestro mundo. En su corazón está sacudir al liderazgo y a los ministerios para que rompan con sus limitaciones, y lo hace mostrándonos la perspectiva de Dios acerca de estos temas para que podamos lograr lo mejor para nuestro Rey. *Fuera de la caja* muestra un camino que todo ministerio debería transitar.

— *Shaun Smit*
Mentor de Liderazgo, Wonderful Leaders
Maidstone, Reino Unido

He conocido a Martijn por más de veinte años y estoy entusiasmado con su libro. *Fuera de la caja* trata acerca de las mentalidades, los paradigmas, la cultura, el proceso de pensamiento, y el desarrollo personal, y nos muestra cómo salir de nuestra propia caja. Revisar tu propio sistema de creencias para poder identificar la caja en la que te encuentras es algo intimidante, pero muy necesario. Requiere valentía hacerse estas preguntas todo el tiempo, pero debemos hacerlo sin temor, confiando en nuestro pacto con Jesús y descansando en Su amor hacia nosotros. Pero, en definitiva, una renovación constante de la mente es inevitable para que podamos vivir sin limitaciones: *fuera de la caja.*

— *A.A. (Dolf) de Voogd van der Straaten*
Vlissingen, Países Bajos

Si sientes que tu vida es demasiado pequeña para lo que Dios quiere hacer en ti y a través tuyo, este libro es indispensable para ti. A través de su testimonio personal y una mirada perspicaz, mi amigo Martijn van Tilborgh te prepara para recorrer un camino de descubrimiento que te lleve a realizar cosas mucho más allá de lo que te hubieras imaginado. ¡Prepárate a vivir tu vida como nunca antes!

— *Jeff Scott Smith*
Presidente, JSS Consulting Inc.
Pastor, Iglesia "Strong Tower Church"
Fredericksburg, Virginia

¡Martijn logra muy bien su cometido de desafiarnos a vivir *fuera de la caja*! Lo que más me gusta es cómo, continuamente, apunta a las Escrituras y utiliza ejemplos bíblicos para animarnos a pensar de una manera distinta.

— *David Laflin*
Ilusionista Cristiano reconocido internacionalmente
Denver, Colorado

Recomiendo altamente el libro *Fuera de la caja*. ¿Por qué? Porque amo leer libros que me invitan a ser parte de la historia y me animan en mi vida de fe. Amo leer libros acerca de lo que ha vivido el autor. Amo leer libros que traen una claridad apostólica acerca de la obra completa de Jesús y del reino de Dios, sobre todo cuando el autor habla de lo que ve en el Espíritu. Este libro está lleno de bendiciones que debes *sacar de la caja*. Martijn es un querido amigo, y desde nuestra primera reunión ha sido el ejemplo de que "hierro con hierro se afila" –y eso es exactamente lo que *Fuera de la caja* te ofrece, querido lector–.

— *Hilmar Kristinsson*
Teólogo
Cofundador, IAM /Misión Apostólica Islandia
Reykjavik, Islandia

He disfrutado profundamente este increíble libro. Me ha llevado, en oración, a salir de la caja de limitaciones en la cual me había encasillado a mí mismo. Muchos líderes en el reino, tanto en el ministerio como en el mercado, se beneficiarán con este mensaje que abre los ojos para ver más allá de las circunstancias actuales. Mi oración es que, al leerlo, muchos sean inspirados como yo lo he sido. *Fuera de la caja* te hará ver verdades antiguas dentro de un nuevo paradigma. Es un mensaje profético escrito intencionalmente para un tiempo como el actual.

— *Arie Tempelman*
Emprendedor, Coach, Consejero
Vlissingen, Países Bajos

Soy un ferviente estudiante de la información. A veces te encuentras con información que tiene el poder intrínseco de propinarte una cachetada que despierta radicalmente algo en tu interior. Es así como describo el efecto que produce *Fuera de la caja*. Si alguna vez sentiste que algo en tu vida debía cambiar, pero no sabías cómo expresarlo, entonces debes leer este libro. En cada capítulo, faros de luz iluminaron mi entendimiento acerca del por qué, y, sobre todo, el cómo, hacer un cambio para salir de las posiciones en las que nos encontramos diariamente, por defecto –lo que Martijn llama la "caja"–. Aplaudo la claridad y practicidad de esta obra, así como el fuerte desafío que Martijn lanza para avanzar. Permite que este libro identifique tus limitaciones y te guíe para salir de la caja. Y lo más importante, permite que este libro cree una nueva realidad en tu vida.

— *Dr. Romero Maridjan*
Rijswijk, Países Bajos

Toda la vida trata de encasillarte en cajas. Esta mañana te despertaste en tu cama que es una caja, viste televisión que es como una caja, te bañaste en una ducha que es como una caja, saliste de tu casa que es una caja, para conducir tu auto que es una caja y llegar a tu lugar de trabajo que es como una caja. Luego miras tu computadora y tu teléfono todo el día. Martijn hace un gran trabajo en *Fuera de la caja* para enseñarnos cómo ser libres de las limitaciones mentales que nos encasillan para experimentar la vida más allá de nuestra situación actual. Este material es una muy buena lectura para líderes de la iglesia y el mercado. Lo recomiendo ampliamente.

— *Dr. Keith Johnson*
"Coach de Confianza N°1 en los Estados Unidos"
Keithjohnson.tv
Spring Hill, Florida

En el día y la hora en que vivimos, quienes nos llamamos cristianos, no podemos darnos el lujo de estar en una "caja". Es tiempo de desatascarse y derribar los muros. La sabiduría que Martijn comparte ciertamente te animará y te guiará a cómo hacerlo. ¡Hay mucho por hacer! ¡No podemos darnos el lujo de permanecer en la caja!

— *Jack Henry*
Pastor de Familia
Iglesia "Tabernacle Baptist Church"
Hiram, Georgia

Martijn tiene un corazón para ayudar a otros a triunfar. *Fuera de la caja* nace de un corazón que arde por ver a la Iglesia de Jesucristo triunfar y avanzar para poder impactar al mundo más eficientemente. La mayoría de la gente encuentra el cambio aterrador, pero Martijn te ayudará a entender que Dios tiene sueños maravillosos para todos nosotros y desea que demos un paso hacia una productividad mayor. Si eso es lo que quieres, entonces lee este libro de alguien que tiene una verdadera carga del Señor por Su cuerpo.

— David Sorensen
Apóstol, Godisreal.today
Poncha Springs, Colorado

Cada uno tiene su propia idea de lo que la vida y el ministerio es. Está basada en las experiencias previas o lo que alguien nos ha contado. Esa es nuestra caja. Es lo seguro y tiene sentido para nosotros. Pero, ¿qué ocurre cuando salimos de la caja? Es allí donde la verdadera aventura comienza. Martijn nos lleva en un recorrido que cambiará tu paradigma y te ayudará a salir de la caja. Si deseas avanzar al próximo nivel en tu vida y ministerio, lee el libro de Martijn hoy mismo. Darás un paso *fuera de la caja* y hacia tu destino.

— Craig Johnson
Director Principal de Ministerios, Iglesia Lakewood
Houston, Texas

¡Hay esperanza para nuestros sueños! Martijn presenta poderosos pasos para desbloquear revelación que te impulsará hacia tu verdadera identidad y propósito.

— Marco Berlis
Apóstol
Oranjestad, Aruba

Martijn tiene una habilidad única para interpretar la Biblia y aplicarla a la vida cotidiana, utilizando su fe y valentía para explorar *fuera de la caja*. *Fuera de la caja* me permitió revivir mis experiencias en Jerusalén. Es una lectura obligada.

— *Bart Teal*
Presidente, Blue Ribbon Schools of Excellence Inc,
Chapin, Carolina del Sur

Este libro me desafía a descubrir cómo pensar críticamente acerca de lo que estoy haciendo para dar a Dios lo mejor de mí. Me muestra los pasos que debo dar y me llegó en el momento justo en que estoy evaluando el ministerio de niños en nuestra iglesia. Estos principios funcionarán en el mundo secular también. ¡Recomiendo ampliamente *Fuera de la caja*!

— *Karen Simmang*
Pastor de Niños
Iglesia Bautista de Valley Ranch
Coppel, Texas

¿Qué pensarías si hubiera una realidad mucho mayor a lo que experimentas hoy? ¿Qué si Dios tiene algo para ti que no puedes ver desde donde te encuentras hoy? ¿Qué si hay mentalidades que nos impiden ver y entrar a una realidad de grandeza? En *Fuera de la caja*, Martijn van Tilborgh te lleva en un recorrido que romperá con tu paradigma actual, y removerá el velo para que puedas ver el futuro de esperanza, propósito y abundancia que Dios tiene para ti. Abróchate el cinturón. ¡Este será todo un viaje!

— *Dr. Joshua Fowler*
Autor, "Daily Decrees" [Decretos Diarios]
Legacylife.org
Dallas, Texas

Fuera de la caja es un libro relevante acerca de un tema que llevo en mi corazón. El cambio es necesario. Todos decimos desearlo pero ¿será cierto? Deseamos el resultado del cambio, pero preferimos evitar el proceso, lo cual hace que permanezcamos en nuestra cajita. Martijn nos ayuda a ver por qué es tan importante que salgamos de allí. Creo que estamos en un tiempo profético en que no debemos contentarnos con el status quo. Necesitas un objetivo mayor que la caja en la cual te encuentras. Fuiste creado por un gran Dios que tiene grandes planes para ti. *Fuera de la caja* te ayudará a dar los pasos necesarios para ya no estar limitado. ¡Bien hecho, Martijn!

— *Rolph Hendriks*
Pastor, Power City
Leiderdorp, Países Bajos

Martijn te lleva en un paseo mental que abre el paladar de tu mente y espíritu para repensar y reaprender lo que es posible. Mucha gente ha caído en un modo de "analfabetismo creativo". Como el escritor futurista Alvin Toffler dijo: "Los analfabetos del siglo XXI no serán los que no sepan leer y escribir, sino aquellos que no sepan aprender, desaprender y reaprender". *Fuera de la caja* te desafía a reaprender la noción de que todo es posible. Recomiendo ampliamente este libro a cualquiera que sepa que hay más en la vida que lo que estás viviendo actualmente.

— *Andrew Momon Jr.*
CEO, Momon Leadership Inc.
Experto en Liderazgo y Estilo de Vida Servicial
Atlanta, Georgia

Fuera de la caja es una lectura inspiradora para los creyentes que desean una vida más apasionada y llena de propósito. Martijn nos invita a intercambiar las cajas de limitaciones autoimpuestas, las suposiciones y la comodidad, por una vida más allá de nuestros sueños. *Fuera de la caja* es un libro que marca un antes y un después, que cambia paradigmas y que expande tu forma de pensar para que puedas tomar acciones valientes y vivir más realizado.

— *Dr. Don Brawley III*
Pastor, Iglesia Canaan
Presidente, Influencers Global Leadership
Atlanta, Georgia

Este libro me emociona y me desafía a salir de las pequeñas cajas de lo conocido y a dar un paso hacia lo ilimitado de Dios, que siempre será mayor, más grande y más ancho de lo que uno pudiera imaginar. Martijn ha recorrido personalmente este proceso y ha experimentado una vida *Fuera de la caja*. Dios está buscando pioneros que no se conformen con las cajas o plataformas existentes, sino que vayan donde nadie ha ido todavía. *Fuera de la caja* es un cambio de paradigma. Este libro es un inquietante desafío a ir hacia nuevos horizontes que están más allá de las limitaciones de tus cajas.

— *Shane Cooke*
Presidente y Fundadora, Shane Cooke Ministries
Melbourne, Australia

Fuera de la caja es lectura obligada para los cristianos que aspiran a llegar a ser emprendedores bíblicos. Martijn ofrece claves frescas para el éxito y la realización en la vida, tanto a nivel personal como profesional.

— *Mark J. Goldstein*
Presidente, Cámara de Comercio Cristiana Central de Florida
Orlando, Florida

En este libro, mi amigo Martijn comparte, transparentemente, su propia experiencia de salir de la caja –el proceso, a veces doloroso, casi siempre estimulante, en que Dios nos lleva desde los ambientes cómodos que hemos construido para nosotros, hacia una nueva dimensión de confianza en Él–. En el proceso, descubrimos que Sus planes son mucho más riesgosos de lo que pensábamos, pero también que Él es aún más asombroso de lo que creíamos, demostrando ser fiel en medio de lo que parece ser caos. A partir de la Biblia y de su historia personal, Martijn te desafiará a salir de la caja religiosa familiar que has creado, hacia lo desconocido que Dios tiene para ti.

— *Matt Green*
Vicepresidente de Marketing, Pioneers-USA
Exeditor, revista Ministry Today
Orlando, Florida

Este libro ha cambiado mi manera de pensar. Tiene sentido que nuestro Dios, infinitamente creativo y amoroso, haya diseñado un llamado y dones tan únicos para cada uno de nosotros como nuestras huellas dactilares. ¡Qué gozo descubrir que lo que me hace único es un don, no una falla! Encuentra tu propio color en el arco iris infinito de Dios, ¡y brilla!

— *John C. Morgan*
Imitador de George W. Bush reconocido mundialmente
Orador Motivacional y animador
Orlando, Florida

En cada uno de nosotros hay un propósito divino y, en general, un potencial no explotado. En *Fuera de la caja*, Martijn inicia la conversación acerca del cambio –el proceso lento y, a veces, difícil de destruir las mentiras para que la verdad tenga donde apoyarse–. ¡Siéntate, relájate y disfruta el recorrido!

— *Rebecca Faith*
Comunicadora Dramática
Chattanooga, Tennessee

Si disfrutas ser desafiado y valoras ser inspirado, *Fuera de la caja* es el libro para ti. Martijn comparte experiencias de vida reales, creativas y aplicables, para mostrarnos una verdad que muchos ni siquiera pensamos considerar. *Fuera de la caja* no sólo se propone expandir nuestra capacidad; sino que exige que nuestra capacidad y nuestra visión vayan a toda marcha. La iglesia necesita desesperadamente escritos como este para despertar de su letargo y ser desafiada a vivir en el mundo de un Dios fuera de la caja.

— *Dr. Matthew Hester*
Greenville, Carolina del Sur

Todos tenemos un don espiritual; los dones de cada uno son necesarios. Nadie queda excluido. Todos tienen un propósito. Todos estamos incluidos y todos somos necesarios. No utilizar tu don espiritual sería como no abrir un regalo de cumpleaños que tiene tu nombre escrito. Los paquetes permanecen quietos, sin abrir, bonitos, pero se pierde la oportunidad de usar y disfrutar lo que hay dentro. ¡No seas como un regalo sin abrir! No pierdas tu oportunidad. *Fuera de la caja* te mostrará, paso a paso, cómo ser el regalo que Dios quería que fueras por el bien de los otros.

— *Sam Hinn*
Pastor, The Gathering Place
Sanford, Florida

Fuera de la caja: Descubriendo nuevos paradigmas
Copyright © 2021 Martijn van Tilborgh

ISBN: 978-1-954089-47-1

Impreso en los Estados Unidos de América

Diseño de portada por Joe De Leon

Originalmente publicado en inglés bajo el título *Unboxed: Uncovering New Paradigms*

Servicios de traducción y revisión por God-First Arts.
Traductor: David Sanz

AVAIL
225 W. Seminole Blvd., Suite 105, Sanford, FL 32771

Salvo indicación en contrario, el texto bíblico corresponde a la versión Reina-Valera © 1960 Sociedades Bíblicas en América Latina; © renovado 1988 Sociedades Bíblicas Unidas. Utilizado con permiso. Todos los derechos reservados.

El texto Bíblico indicado con NTV ha sido tomado de la Santa Biblia, Nueva Traducción Viviente, © Tyndale House Foundation, 2010. Utilizado con permiso de Tyndale House Publishers, Inc., Carol Stream, IL 60188, Estados Unidos de América. Todos los derechos reservados.

El texto Bíblico indicado con NVI ha sido tomado de la
Santa Biblia, NUEVA VERSIÓN INTERNACIONAL® NVI® © 1999, 2015 por Biblica, Inc.®, Inc.® Usado con permiso de Biblica, Inc.® Reservados todos los derechos en todo el mundo.

Todos los derechos reservados. Ninguna parte de esta publicación puede ser reproducida, almacenada en sistemas de búsqueda o transmitida de ninguna manera ni por ningún medio –electrónico, mecánico, fotocopia, grabación u otro– excepto por citas breves en reseñas escritas, sin el consentimiento previo, por escrito, del autor.

Fuera de
la caja
Descubriendo nuevos paradigmas

Martijn van Tilborgh

Índice

Introducción 23

capítulo 1
La ventaja 29

capítulo 2
Alguien te está esperando 37

capítulo 3
Una manta mejicana y una botella de bebida barata 43

capítulo 4
Cómo ser tu mejor versión mediocre 51

capítulo 5
Saliendo de la caja: Paso a paso 59

capítulo 6
Piensa más grande 67

capítulo 7
¡Sal! 77

capítulo 8
Destruye la caja 87

capítulo 9
Crea 105

capítulo 10
Las cajas matan los sueños 119

Palabras adicionales del autor 127

Introducción

ESTÁ BIEN, DEBO ADMITIRLO... la primera vez que me pasó me sentí un poco raro. Recuerdo claramente el día que atendí esa llamada telefónica desde un número desconocido. Después de haber dicho "hola", pasaron algunos segundos de un silencio ensordecedor. De repente, escuché un sonido extraño que me dio escalofríos. Me recordó al sonido de la bocina de un crucero cuando zarpa de un puerto. Más adelante aprendí que el sonido que había escuchado era el de un shofar.

Para quienes no lo saben, el shofar es un instrumento de viento hecho con el cuerno de un carnero. Los shofars eran utilizados por el pueblo judío en el Antiguo Testamento para anunciar las celebraciones, el año de Jubileo y algunos otros eventos. Bíblicamente, el shofar también representa el grito de victoria de Dios o una declaración profética dada por el Señor mismo.

Como mencioné, todo esto me resultó bastante extraño al principio. Pero luego de algunos encuentros similares (sí, hubo más), me acostumbré. De hecho, empecé a esperar ese tipo de llamadas porque quien me llamaba era una amiga.

La persona del otro lado de la línea telefónica era una señora de 80 años llamada Rosemarie von Trapp. Puede que algunos de ustedes reconozcan el apellido –y si lo haces te digo que sí, estás en lo correcto, es ella–. De *esa* familia estoy hablando. Rosemarie es la hija del capitán Georg von Trapp, cuya historia familiar relata el musical *The Sound of Music (El Sonido de la Música)*. No es la hija del actor Christopher Plummer, quien actuó de Georg, sino del *verdadero* Capitán von Trapp.

Rosemarie y varios otros miembros de la familia von Trapp frecuentaban nuestras reuniones y se volvieron miembros comprometidos de nuestro ministerio. Yo me había alojado siete veces en Vermont, en un alojamiento familiar muy prestigioso que los von Trapp tienen en las montañas. En uno de nuestros viajes, desarrollamos una cumbre de liderazgo en su alojamiento. En el evento se reunieron líderes de todo el estado.

Los días anteriores al evento habían sido bastante ajetreados.

Habían pasado sólo dos años desde que mi familia y yo habíamos llegado a los Estados Unidos. Antes de eso, éramos misioneros a tiempo completo en Sudáfrica. Allí vivimos durante casi tres años. En ese tiempo, yo estaba convencido de que viviríamos en África el resto de nuestras vidas. Dado que Dios nos había llamado allí, supuse que no cambiaría sus planes.

¡Cuando Dios habla, una sola palabra de Su boca puede cambiarlo todo!

Nos habíamos mudado a Sudáfrica desde los Países Bajos, donde yo me había criado. Habíamos llenado un contenedor con todas nuestras pertenencias y las habíamos enviado por barco a Ciudad del Cabo, donde nos estableceríamos e iniciaríamos una nueva vida. Nos mudamos a una casa, compramos tres perros, anotamos a los niños en una escuela, plantamos varias iglesias y nos enfocamos en numerosos proyectos sociales.

Jamás me imaginé que Dios tenía otro plan para nosotros.

Cuando Dios habla, una sola palabra de Su boca puede cambiarlo todo. Y es exactamente lo que sucedió. Un viernes por la mañana, una palabra de Dios alteró nuestras vidas por completo. En un instante cambió todo, para siempre. Tanto mi esposa como yo, entendimos claramente que nos había sido asignada una nueva tarea.

Apenas tres días después, llegamos a los Estados Unidos con sólo algunas maletas. Recuerdo claramente la mezcla de emociones que sentía. El temor a lo desconocido y la adrenalina de ver a Dios hacer algo emocionante y nuevo en nuestras vidas, corrían por mis venas. ¡No tenía idea de lo que se suponía que hiciera en los Estados Unidos! Mudarse de un continente a otro tan rápidamente, basado en un impulso del Espíritu Santo, puede sonar aventurero, pero lo cierto es que estaba asustado.

En Sudáfrica, nuestra vida era relativamente fácil. Yo formaba parte de un equipo ministerial donde nos apoyábamos los unos a los otros. Teníamos nuestras rutinas, nuestros proyectos, reuniones y servicios en los que trabajábamos cada semana. Siendo sincero, al mirar hacia atrás, me doy cuenta de que había creado una falsa sensación de realización religiosa al dejarme llevar por la corriente. Ahora, de repente, me encontraba, de la noche a la mañana, del otro lado del océano, donde nadie me había facilitado un ámbito ministerial del cual formar parte. No tenía reuniones, proyectos, ni rutinas. En otras palabras, si no daba a luz algo auténtico en los Estados Unidos, no iba a ocurrir absolutamente nada. El falso sentido de realización religiosa se había ido. En su lugar había un sentimiento de desesperación. Me encontraba pidiendo a Dios desesperadamente que me mostrara el camino. Lo gracioso acerca de la desesperación es que te lleva a prestar más atención a lo que Dios puede estar diciendo. El vacío creado por nuestra mudanza transatlántica me había llevado a buscar verdaderamente Su rostro.

Una cosa es *sentir* que Dios te llama a algo grande, y otra distinta *experimentarlo* de primera mano.

Este cambio dramático en nuestras vidas nos impulsó a dos años enteros de ministerio que fueron mucho más allá de lo que podíamos haber imaginado o pedido en oración. La palabra "asombroso" no alcanza para describir lo que pasó durante esos dos años. Las puertas abiertas, las conexiones, las oportunidades, las experiencias que tuvimos en ese tiempo, fueron sin precedentes para nosotros.

Una cosa es *sentir* que Dios te llama a algo grande, y otra distinta *experimentarlo* de primera mano. Anteriormente, yo había oído, personalmente, a Dios decirme que iba a viajar por las naciones del mundo. Que viajaría por el mundo predicando. Que Él abriría puertas que estaban cerradas. Pero, de repente, ¡lo estaba viviendo! Había llegado el tiempo. Era esto. Estaba viviéndolo allí mismo. Estaba en un lugar de propósito y destino. Iba de iglesia en iglesia, ministrando y predicando. Viajaba en avión varias veces por mes, visitando distintos estados, distintas naciones.

> Muchas veces, ni siquiera sabía a dónde estaba yendo hasta que el Señor me impulsaba a ir.

Muchas veces, ni siquiera sabía a dónde estaba yendo hasta que el Señor me impulsaba a ir. Lo único que sabía era que debía ir a ciertos lugares –sin tener idea de lo que haría allí–. Y cada vez que eso sucedía, Él cumplía. Estaba viviendo experiencias que lees en libros. Sólo que, en esta ocasión, ¡el de la historia era yo!

Solía preguntarme: ¿Cómo podría la vida ser mejor que esto? Es para esto que vine a los Estados Unidos. Esto es lo para lo cual yo estaba dispuesto a dar mi vida. Trabajar en el ministerio, impactar vidas, y saber que estoy haciendo lo que se supone que haga.

Estaba viviendo una vida de propósito.

La amistad que desarrollamos con Rosemarie fue la frutilla del postre de nuestra maravillosa aventura en el ministerio. Su fe auténtica como la de un niño, era inspiradora. Conocer y contactar a gente tan maravillosa en el camino fue una experiencia increíble. Conservo muchas de esas relaciones hasta el día de hoy.

La vida estaba llena de propósito, con un sentido de destino que estaba siendo cumplido, con el gozo y el poder de un ministerio guiado por el Espíritu. Como dije, no alcanza la palabra *maravilloso* para describir este tiempo. Y, por supuesto, en ese momento no tenía idea de que *todo eso también tenía que terminar.*

No estaba consciente de que Dios tenía un plan distinto, aún mayor, para nosotros.

En retrospectiva, todo tiene sentido. Viendo hacia atrás me doy cuenta de que estaba experimentando sólo una parte de lo que Dios tenía almacenado para mí. Yo era como un niño jugando en la parte poco profunda de la piscina, inconsciente de las aventuras que encontraría cuando me diera cuenta de que había una parte profunda de la piscina por conocer.

Lo cierto es que había *muchísimo más* preparado por Dios. Simplemente no lo podía ver. El limitado paradigma que yo tenía de mi vida y el ministerio, me había engañado y llevado a pensar que lo que yo estaba viviendo era lo mejor de lo mejor. Sin embargo, ese paradigma estaba por cambiar por algo mucho mayor.

En realidad, nunca me di cuenta de que me había encerrado dentro de una caja. Era una caja que se veía grande desde adentro. Pero, desde el punto de vista de Dios, la caja era demasiado pequeña. En el contexto en que me encuentro hoy, puedo ver lo pequeña que era esa caja en realidad –a la luz de lo que Dios tenía y todavía tiene preparado para mí–. Necesitaba una intervención de algún tipo para ver el panorama más amplio.

¡Necesitaba salir de la caja!

Este libro es la historia de ese proceso de salir de la caja. Describe el proceso personal que pasé para ser desempaquetado. Pero este libro es acerca de ti también; porque la verdad es que todos estamos en cajas. Todos necesitamos ser *desempaquetados* si deseamos experimentar la verdadera plenitud de lo que Dios tiene para nosotros. Es probable que tú te encuentres como yo me encontraba; más allá de tu situación actual, hay mucho más para ti que aún no has comenzado a explotar.

Todos necesitamos salir de la caja si deseamos experimentar la verdadera plenitud de lo que Dios tiene para nosotros.

Salir de la caja, sin embargo, requiere un proceso que no es para los débiles de corazón. Requiere valentía y sacrificio para completar el proceso. Te costará, literalmente, todo.

Sin embargo, en el camino, comenzarás a entender acabadamente lo que llevó al mercader en Mateo 13:45-46 (NTV) a vender *todo* lo que tenía para obtener la "perla de gran valor" que Jesús describió en Su parábola.

28 Fuera de la caja

"Además el reino del cielo es como un comerciante en busca de perlas de primera calidad. Cuando descubrió una perla de gran valor, vendió todas sus posesiones y la compró".

Esta perla sólo puede ser hallada fuera de los límites de la caja en la cual te encuentras. Para encontrarla tendrás que salir de donde te encuentras hoy. Para obtenerla, tendrás que pagar un precio –¡un alto precio!–. Pero te prometo que valdrá la pena. La recompensa será increíble.

¿Estás conmigo? Si tu respuesta es afirmativa, sígueme.

¡Y prepárate para vivir *fuera de la caja*!

capítulo 1

La ventaja

EL REINO DE DIOS ES GRANDE. Muy grande. De hecho, es tan grande que tan solo un atisbo del mismo romperá cualquier caja que hayamos construimos para nosotros mismos.

Yo tuve un vistazo en la noche de Pascua del año 2008, la noche que cambió mi vida para siempre y me puso en un camino que me ayudó a salir de la caja.

Yo estaba confundido, frustrado y, para ser honesto, enojado con Dios. Me sentía como Jonás cuando, después de haber hecho crecer una planta para que le diera sombra, Dios envió un gusano a hacer que la planta muriera (Jonás 4:6-8).

Esa noche, estaba recostado en mi cama, haciéndome preguntas: ¿Por qué me haría Dios, *algo así*? *¿Por qué sería tan cruel y duro conmigo?*

Simplemente no lo entendía. El ministerio que creía tener ya no existía. Había llegado rápido, pero se había desvanecido aún más rápido. Habían ocurrido tres situaciones inesperadas:

- Primero, la crisis financiera de 2008 había golpeado duro. Durante una de mis aventuras ministeriales, había tenido un encuentro divino con una persona que me ayudó a fondear mi ministerio y me conectó con una organización con base en Islandia que me apoyaba financieramente. Islandia, básicamente, quebró de la noche a la mañana. Su moneda se desplomó en un espiral descendente hasta un punto en que valía sólo una fracción de su valor original. Eso secó instantáneamente mis recursos financieros al cesar el apoyo mensual que recibía de Islandia.

- En segundo lugar, el ministerio del cual formaba parte en ese tiempo pasó por situaciones complicadas. Habíamos estado comprometidos, hasta cierto punto, con este ministerio por más de una década; nos habíamos mudado de continente a continente cinco veces, siempre comprometidos con la visión de este ministerio. No me arrepiento de nada de eso. Sin embargo, una sucesión de eventos generó una crisis en el ministerio que acabó con la implosión del mismo. Al poco tiempo, el ministerio se vio reducido a un puñado de gente.

- En tercer lugar, por alguna razón, algunas puertas que habían estado abiertas de par en par, de repente, estaban cerradas. Instantáneamente.

En una ocasión, un líder de la red que había desarrollado en Vermont creó confusión acerca de mi persona entre los líderes a nivel estatal, lo cual resultó en que se levantara una resistencia contra mi regreso a ministrar allí. Básicamente, había sido excluido del estado por el mismo liderazgo de la iglesia que me había dado la bienvenida con brazos abiertos hacía sólo un año.

Nuestra situación financiera era mala. ¡Muy mala! Ocurrió tan rápido que no me había dado cuenta de la gravedad de la situación. Cuando sumé el monto de mis deudas me di cuenta de que debía más de $60.000 a varios bancos e instituciones.

Sentía que estaba a punto de sufrir un colapso emocional. Acabábamos de mudarnos a un nuevo apartamento y no teníamos idea de cómo pagaríamos la renta –además de todas las otras deudas que se habían acumulado–.

¿Ahora qué? (¿Qué tal una nueva visión?)

Recuerdo haber mirado a Amy con desesperación y haberle dicho: "¿Ahora qué?".

Tan pronto como esas dos palabras salieron de mi boca, algo sobrenatural sucedió. Ahora bien, antes de explicarte lo que ocurrió a continuación, quiero que entiendas una cosa acerca de mí. Yo soy una persona bastante terrenal, con los pies sobre la tierra. He conocido gente que tiene experiencias sobrenaturales, como ésta, todo el tiempo. No es mi caso. De hecho, creo poder contar este tipo de experiencias en mi vida con los dedos de una mano.

Cuando pronuncié las palabras "¿Ahora qué?" fui transportado a otra dimensión en el mismo instante. Ni siquiera estoy seguro de cuánto tiempo duró porque perdí la noción del tiempo. Cuando estaba "allí fuera" me sentí "enmudecido". No podía hablar. Me identifico con lo que Zacarías experimentó cuando el ángel le quitó el habla (Lucas 1:20).

Comencé a llorar, lo cual no hago a menudo. Mi esposa pensó que estaba sufriendo un paro cardíaco y comenzó a asustarse.

En ese momento vi, en mi espíritu, cómo se desarrollaba una historia delante mío. Era la historia de Jesús y Sus discípulos. Durante tres años, ellos pasaron el mejor tiempo de sus vidas –lo vi delante mío–. Era como si lo pudiera tocar. Me hizo preguntarme: ¿Cómo puede la vida de los discípulos mejorar a partir de este punto?

Ellos caminaban con Jesús y tenían la posibilidad de aprender de Él, de manera personal. Estaban sanando enfermos. Resucitando muertos. Echando fuera demonios. Cada día, experimentaban las maravillosas enseñanzas que Jesús daba a las grandes multitudes. Vieron milagros de multiplicación donde las multitudes fueron alimentadas, y vieron tormentas que se calmaron al sonido de Su voz.

He conocido gente que tiene experiencias sobrenaturales, como ésta, todo el tiempo. No es mi caso.

¡Impresionante! Eso era, ese era el propósito. Estaban experimentando el destino como nunca antes lo habían hecho, como ni siquiera lo habían imaginado. Habían alcanzado el objetivo final y el propósito de sus vidas.

O, por lo menos, eso es lo que pensaban.

De repente, un día, su paradigma fue trastornado cuando Jesús se sentó con ellos y les dirigió las siguientes palabras: "Pero yo os digo la verdad: Os conviene que yo me vaya" (Juan 16:7a, RVR1960).

En otras palabras, les dijo que las cosas maravillosas que estaban viviendo tenían que terminar. De hecho, dijo que les convenía que esto terminara.

En ese momento, Jesús los introdujo a una realidad mucho mayor que la caja limitada que habían creado. El paradigma en el que vivían estaba a punto de ser destruido para que pudieran tener una ventaja que no podían apreciar desde donde se encontraban en ese momento. Claro, la vida no parecía poder ser mejor que lo que era en ese momento. Pero, desde el punto de vista de Dios, había aún más. Mucho, mucho más.

Su reacción inicial fue olvidar rápidamente lo que Jesús les acababa de decir. No querían que lo que estaban viviendo terminara. Era demasiado bueno. Además, ¿qué podía ser mejor que lo que estaban viviendo? Estaban viviendo la vida a pleno (o eso creían).

De repente, ocurrió de vuelta; cuando menos lo esperaban, lo "imposible" sucedió. Jesús efectivamente se fue como había dicho que haría. Peor aún, uno de los suyos había sido quien lo había traicionado. De un momento a otro, se encontraron con que ya no estaban en medio de las aventuras del increíble ministerio de Jesús, sino que estaban reunidos en torno a un cuerpo en la tumba donde los restos de Jesús yacían.

Es curioso cómo nuestras mentes humanas funcionan. Siempre tendemos a volver a lo que conocemos, a nuestras experiencias pasadas o a la manera en la que fuimos criados, o la cultura en que crecimos. Es exactamente lo que hicieron los discípulos. Volvieron a lo único que sabían hacer.

Se habían acostumbrado a lo emocionante del ministerio de Jesús. Lo único que sabían hacer era estar con Jesús. Entonces, cuando murió, lo primero que hicieron fue "reunirse" alrededor del cuerpo. Se reunieron en la tumba con mirra, lino y perfume. ¿Qué más podían hacer? Y aunque estaba muerto, por lo menos lo hacían oler bien con los tratamientos que llevaban.

Siempre tendemos a volver a lo que conocemos, a nuestras experiencias pasadas, a la manera en la que fuimos criados, o la cultura en que crecimos.

Imagino que les daba una falsa sensación de realización religiosa.

Luego, al tercer día, incluso esa ilusión les fue quitada. Por lo menos dentro de su paradigma. Seguían sin poder ver la ventaja de la cual Jesús les había hablado. La verdad era que Jesús estaba vivo y vigente. Sin embargo, no eran capaces de verlo desde su posición. Él estaba justo fuera de su realidad del momento, y desde allí estaba tratando de llamar su atención para poder sacarlos de la caja que habían construido para sí.

Mientras veía esta historia en el estado de trance en que me encontraba, algo notable ocurrió. Fue como si la historia de mi propia vida fuera desplegada sobre ese mismo escenario y la vi transcurrir frente a mí. Experimenté lo que los discípulos habían experimentado cuando atravesaron su propia crisis.

¡Es simple! No puedes resucitar sin morir primero.

Me di cuenta de que, lo que me estaba ocurriendo, sucedía porque había una ventaja que el Señor me quería mostrar, que se encontraba *fuera de la caja* en la cual me encontraba. Cuando pude espiar *fuera de la caja*, vi una realidad que ni sabía que existía y escuché Su voz diciéndome:

"¡Todo debe morir primero!"
Todavía puedo escuchar esas palabras tan claramente como si hubiera sido ayer. En ese momento me di cuenta de que, si verdaderamente queremos experimentar la plenitud del poder de Su resurrección, primero debemos morir. ¡Es simple! No puedes resucitar sin morir primero.

En un instante, volví a la "normalidad" y pude explicarle a Amy lo que acababa de experimentar. Ya sabía lo que tenía que hacer a continuación. Al día siguiente, literalmente, "ultimé" mi ministerio, o lo que quedaba del mismo, a pesar de los consejos de la gente que me animaba a no hacerlo. Yo sabía que tenía que hacerlo.

Mi proceso de salir de la caja había comenzado oficialmente.

Preguntas para reflexionar

1. En este capítulo comparto mi historia de frustración y confusión, acerca de una situación que pensaba que era el resultado de una obra del enemigo que deseaba destruirme. A través de mi lucha, llegué a la conclusión de que mi frustración era sólo el resultado de la "caja" en la cual me había encasillado, y comencé a descubrir la ventaja que Dios tenía preparada para mí. ¿Hay, en tu vida, áreas de frustración y confusión que podrían ser el resultado de un intento de Dios de mostrarte tu "ventaja"? ¿Cuáles son? ¿Cómo está cambiando Dios, tu paradigma, en lo que concierne a estos desafíos?

_____

_____

_____

_____

_____

_____

_____

2. En este capítulo utilizo el término "falsa sensación de realización religiosa" para describir el estado mental de los discípulos reunidos en la tumba, en torno al cuerpo de Jesús. La gloria del pasado ya no estaba, pero ellos volvieron a lo que siempre habían hecho. Se reunieron alrededor de Jesús. El poder del pasado ya no estaba, pero ellos no pudieron ver la ventaja que eso traía para sus vidas.

_____

_____

_____

3. Al examinar sinceramente tu vida y tu ministerio, ¿sientes que hay áreas de actividad que te dan una falsa sensación de realización religiosa? ¿Cuáles son? ¿Cómo puedes cambiarlo?

capítulo 2

Alguien te está esperando

En este libro, divido el proceso de salir de la caja en cinco pasos o fases. Presentarlo de esta manera te ayudará a hacer el mismo recorrido para llegar a experimentar la vida abundante que Dios tiene para ti.

Pero antes de hacerlo quiero dedicar un tiempo al "por qué" detrás de este mensaje.

En el libro de Juan, encontramos la siguiente escritura: *"El ladrón no viene sino para hurtar y matar y destruir; yo he venido para que tengan vida, y para que la tengan en abundancia" (Juan 10:10).*

Hay dos cosas que yo aprendí de este verso que todos hemos leído alguna vez.

1. Enfrentarás oposición. En primer lugar, hay una fuerza que trata de impedir que experimentemos la plenitud de la obra de Dios en y a través de nuestras vidas. Hay un enemigo que busca robar, matar y destruir la obra de Dios en nuestras vidas. ¡Alguien te está buscando!

Muchas veces "el ladrón" se manifiesta en formas muy obvias. Muestra su verdadera naturaleza al, literalmente, intentar traer destrucción y muerte a nuestros mundos, para impedirnos alcanzar la grandeza.

Sin embargo, he descubierto que también se muestra de maneras mucho más sutiles y con engaño. De hecho, muchas veces viene camuflado como un ser de luz. Incluso asume una apariencia religiosa para intentar detenernos de alcanzar la grandeza, y utiliza la Palabra de Dios en nuestra contra.

Una forma en la que puede hacer eso es creando cajas. Cajas de religiosidad. Al crear cajas, puede controlar y limitar la experiencia que tenemos como hijos de Dios. Si nos puede hacer creer que la experiencia que tenemos con Dios está limitada al espacio que vemos dentro de nuestra caja, entonces puede robarnos la abundancia que nos ha sido prometida. Es capaz de llegar al extremo de hacernos creer que nuestra experiencia actual es la abundancia que Dios nos prometió.

El enemigo incluso asume una apariencia religiosa para intentar detenernos de alcanzar la grandeza, y utiliza la Palabra de Dios en nuestra contra.

Estas mentiras nos ubican en un estado mental donde simplemente creemos que lo que estamos experimentando en la actualidad es, de hecho, la vida abundante que Jesús nos prometió. Nos hace creer que no hay nada más ni mejor que nuestra realidad actual. Esto es todo. Es lo que hay.

No sé tú, pero cuando yo miro a mi alrededor, no estoy satisfecho con cómo nos encontramos como iglesia de Jesucristo. Si esto es todo lo que hay, tengo cosas mejores que hacer. Me niego a creer que esta es Su vida abundante. ¡Tiene que haber más!

2. ¡Hay más! ¡*Desempaquétalo!* Esto me lleva al segundo punto que aprendí de Juan 10:10, que es... *¡que hay más!*

Jesús vino para que yo pudiera tener vida, y vida en abundancia. Dios tiene más para ti que la vida que tienes hoy. Hay una abundancia fuera de tu paradigma actual y Él quiere que comiences a disfrutarla. Lo que Él tiene es más abundante que lo que vives hoy.

Ahora, algunos de ustedes pueden sentirse satisfechos con la vida que tienen. Puede que no sientas el deseo de salir de tu caja. Por supuesto que eso es posible; tu vida en la caja puede ser fácil y cómoda. Tienes tu trabajo, tu casa, tu automóvil, tu perro, tu ministerio, tu familia y la vida va muy bien. En serio, ¿qué más necesitas? Lo entiendo. A veces es más fácil dejar las cosas como están. No muevas el barco. Todo va bien, y no hay necesidad de alterar nada.

Si esa persona eres tú, es muy importante que entiendas lo que estoy por compartir. ¿Estás listo?

Aquí va: *¡No todo se trata de ti!*

Sí, así es. Tú no eres el centro del universo. Por supuesto que eres importante a los ojos de Dios; no me malinterpretes. Pero está la otra cara de la moneda, ¡que es el resto del mundo! La vida abundante no es sólo para ti; es para todos. Hubo un precio que se pagó por ti, pero hay un mundo entero de gente que está destinada a esa misma abundancia.

Al permanecer dentro de tu pequeña caja, no sólo te conformas con algo menos para tu propia vida, sino que también impides que otros experimenten lo que están esperando. Se den cuenta o no, están hambrientos por ver la manifestación de la plenitud de Dios en sus vidas, no una manifestación de la caja religiosa en la cual te encuentras tú. Al permanecer en tu caja, efectivamente, estás mostrando a la gente que te rodea una imagen errada del Dios al que representas.

Al permanecer en tu caja, efectivamente estás mostrando a la gente que te rodea una imagen errada del Dios al que representas.

¿Quién está esperando que salgas de tu caja?

Esto es lo que Pablo dice en el libro de Romanos: *"Porque el anhelo ardiente de la creación es el aguardar la manifestación de los hijos de Dios"* (Romanos 8:19).

Consciente o inconscientemente, la creación está esperando algo. Y esa espera se extiende hasta que algo profundo ocurra. Cuando eso ocurra, esa espera terminará.

La creación espera que los hijos de Dios se manifiesten en la tierra. El mundo a nuestro alrededor está esperando que tú y yo lleguemos a ser lo que debemos ser. La creación espera la manifestación plena de Dios, en y a través tuyo, para que Su reino se vuelva visible en la tierra, como lo es en el cielo.

> El mundo a nuestro alrededor está esperando que tú y yo lleguemos a ser lo que debemos ser.

La única forma de que eso ocurra es que tú y yo salgamos de nuestras cajas religiosas que hemos creado. El único lugar en el que te puedes revelar como has sido creado, es fuera de tu caja. Mientras vivamos dentro de las limitaciones del mundo que hemos creado para nosotros mismos, la creación seguirá esperando.

Debemos salir de la caja. ¿Quién está esperando que salgas de la caja? ¡Alguien te está esperando!

Preguntas para reflexionar

1. En este capítulo hablo acerca del "ladrón" que viene a robar y a destruir. Explico cómo el ladrón, a veces, se muestra de forma muy obvia, pero a veces viene de forma mucho más sutil y engañosa, haciéndote creer que la vida que estás viviendo es, de hecho, la abundancia de Dios. Al leer este capítulo, ¿te mostró Dios áreas de tu vida, en las cuales este tipo de "robo" ha estado ocurriendo? ¿Cómo sientes que el ladrón te ha estado robando?

_____
_____
_____
_____
_____
_____
_____
_____
_____
_____
_____
_____
_____
_____
_____
_____
_____

42 Fuera de la caja

2. Romanos 8 nos enseña que la creación aguarda la manifestación de los hijos de Dios. ¿Sientes que ya estás viviendo ese propósito en tu vida? ¿Sientes que Dios se revela a través tuyo, efectivamente, mientras cumples tu destino profético? ¿Sobre qué evidencias basas tu respuesta?

_____

_____

_____

_____

_____

_____

_____

_____

_____

_____

_____

_____

_____

_____

_____

_____

_____

_____

_____

capítulo 3

Una manta mejicana y una botella de bebida barata

Si deseas tener un ministerio de alto impacto y una vida abundante, más allá de tu realidad actual, tendrás que abrazar una cosa: ¡el cambio!

Sin cambio, las cosas permanecen igual, los resultados siguen siendo mediocres y nuestras vidas se estancan. Casi a todo el mundo le gusta la idea del cambio, pero abrazar el cambio es otra historia. Hacemos lo que hacemos porque es lo que nos enseñaron desde una edad temprana. Nuestra conducta está arraigada en cómo hemos sido criados; la cultura en la que hemos crecido ha contribuido a nuestros patrones de conducta. Esos patrones de conducta, con los años, nos han llevado a crear limitaciones y cajas en las que nos encasillamos.

Vemos el mundo que nos rodea a través del paradigma establecido por estos factores colectivos que han creado una limitación, una barrera o un techo invisibles que nos retienen.

Sin embargo, hemos sido creados para otra cosa: ¡grandeza!

El poder creador de Dios mismo vive en el interior de cada uno de nosotros. Tiene el potencial de infundirnos inspiración divina y visión nacida en Su propio corazón. Sin embargo, mucho de lo que hacemos es el resultado de un paradigma que nos limita a obtener, a lo sumo, resultados mediocres.

Albert Einstein dijo lo siguiente: "No podemos resolver nuestros problemas pensando de la misma manera que cuando los creamos".

Son palabras profundas. Tendemos a buscar las soluciones a los problemas en el marco de nuestros paradigmas actuales. Problemas que ni siquiera serían problemas si no fuera por el paradigma en que estamos. A veces nuestras cajas crean problemas que serían irrelevantes fuera de los parámetros de la propia caja. En esos casos, el problema se solucionaría completa e instantáneamente con sólo remover la caja.

Lo sé, lo sé. Sé que suena complejo. Pero permíteme intentar explicarlo con una historia de algo que experimenté hace algunos años.

El poder creador de Dios mismo vive en el interior de cada uno de nosotros.

No existe tal cosa como un desayuno gratuito

Un pastor de una iglesia local me invitó a un desayuno gratuito en su iglesia.

Pregunté: "¿un desayuno gratuito?"

"¡Sí!" me dijo. "¡Un desayuno gratuito! Trae a tu esposa y pasaremos un buen momento. Viene mucha gente. Te divertirás".

Por supuesto que sabía que no existía tal cosa como un desayuno gratuito. Alguien, en algún momento lo va a tener que pagar. Por algún motivo, tenía la incómoda sensación de que, aunque se nos había presentado la oportunidad como "gratuita", seríamos nosotros quienes acabaríamos pagando el desayuno.

¡Y estaba en lo cierto!

En retrospectiva, la mejor forma de describir la experiencia es llamándola una "Presentación de un tiempo compartido cristiano". ¿Alguna vez has participado de algo así? A mí me encantan por mi interés en las ventas, el marketing y la comunicación. Me gusta analizar la psicología detrás de estos tours y presentaciones. Si alguna vez has estado en algún país del Caribe seguramente alguien ha tratado de atraerte a una de estas presentaciones.

Recuerdo una ocasión cuando estaba en Cozumel, Méjico, por un día, y me convencieron de asistir a una presentación. Me sobornaron con una manta mejicana y una botella barata de algún tipo de bebida alcohólica. Acabé escuchando una presentación de dos horas acerca de por qué debía tener una propiedad en Cozumel. La oferta era muy convincente. A tal punto que hasta consideré gastar decenas de miles de dólares en un tiempo compartido en Méjico. Todo tenía sentido. De haber tenido dinero en ese momento, probablemente hubiera hecho la compra.

El desayuno gratuito en la iglesia acabó siendo una experiencia muy similar. No tardé mucho en darme cuenta de qué se trataba en realidad. El motivo era que la iglesia quería expandirse a instalaciones mucho más grandes, más lindas y mejores. El desayuno era una plataforma para promover el proyecto del nuevo edificio que el pastor quería comenzar.

Debo decir que el discurso de venta fue muy convincente. Todo lo que dijo era lógico y tenía sentido. Hasta el desayuno fue muy bueno, lo cual nos tenía a todos de buen humor. No pasó mucho tiempo para que las primeras personas presentes comenzaran a sacar sus chequeras y donar. Era como un programa de venta por TV. ¡Las líneas están abiertas!

El pensamiento encasillado en acción

Sin embargo, mientras escuchaba el excelente discurso del pastor, no pude evitar sentir que algo no estaba del todo bien. No lograba determinar qué era lo que me incomodaba. Más allá de que pienso que los proyectos de edificios más grandes son aburridos y predecibles (todos quieren un edificio más grande y más lindo), sabía que había algo más profundo que estaba mal. No quiero decir que haya algo necesariamente malo con un mejor edificio, pero lo cierto es que los edificios tienen la capacidad de convertirse en una carga pesada en el futuro, si no se tiene cuidado.

De repente, tuve una epifanía y me di cuenta de lo que estaba mal.

Era el paradigma (o caja) en la cual el discurso de ventas estaba enmarcado. Verás, nosotros estructuramos nuestros ministerios según ciertos supuestos. Compartiré más acerca de esto más adelante en el libro. Por ahora, lo que quiero decir es que ciertos problemas ni siquiera serían problemas si removiéramos la caja.

Recuerdo que uno de los argumentos que el pastor utilizó para fundamentar su proyecto para el nuevo edificio fue:

"Bueno, mis amigos, todos sabemos que hemos tenido un crecimiento asombroso en la asistencia los domingos por la mañana. Estamos muy agradecidos al Señor por esta maravillosa bendición sobre nuestro ministerio. Como habrán visto, el edificio en que estamos nos ha quedado pequeño. Un ejemplo es la sala a mi lado. Tiene capacidad para cuarenta niños durante el servicio matutino del domingo. Durante las últimas semanas hemos tenido que albergar a cincuenta niños en esa sala. Ha quedado pequeña. Si queremos tener más espacio para ministrar a más niños, necesitamos un edificio más grande. Les propongo este plan para un edificio nuevo. Miren los planos que les presento. Será necesaria una inversión de $2.6 millones para comenzar el proyecto. Quiero que le preguntes al Señor cuánto tienes que dar".

Visto superficialmente, todo suena bien, ¿verdad? ¿Qué hay de malo con el discurso? No puedes recriminarle el querer ministrar a más niños. Puedo entender su deseo de llevar el ministerio a otro nivel.

Lo que está mal, en el cuadro que pintó, es la caja, y el paradigma en el cual su discurso fue comunicado. La caja tenía tanto control sobre su mensaje, que el hecho se vio reducido a algo que sólo podría haber ocurrido dentro de ese conjunto de reglas religiosas predefinidas.

¡Piénsalo un poco!

Al decir, "Necesitamos un edificio más grande para poder ministrar a más niños", estaba suponiendo algo incorrecto. ¡Estaba suponiendo que la única manera de ministrar a los niños era en esa sala! Eso es como decirle a Dios que está limitado por los parámetros invisibles de una caja. En este caso, la caja literal era el espacio limitado de esta sala en la iglesia.

Pensamiento fuera de la caja: una alternativa mejor

Estoy seguro de que el pastor no era el único, en la iglesia, que pensaba de esa manera. De hecho, hagamos de cuenta que nosotros mismos pensamos así. En algún momento, nuestra mentalidad se convirtió en esta: "Hemos decidido que el ministerio de los niños funciona dentro de este conjunto de reglas. Necesitamos un edificio, un pastor o líder de niños, un plan de enseñanza, etcétera, para poder impactar en esa generación de nuestra comunidad".

¿De dónde parten todos estos supuestos?

En algún momento, el ladrón acerca del cual Jesús nos advirtió, nos ha robado. Él roba en maneras no tan obvias, sino más bien sutiles. De alguna manera, nos hizo creer que es aceptable gastar $2.6 millones en algo que logra… ¿qué cosa? ¡Un cambio marginal!

Supongamos que gastamos todo ese dinero en un nuevo edificio. Ya no tenemos la limitante de sólo poder albergar cuarenta niños; ahora tenemos la limitante de sólo poder albergar cien. No hay nadie en el mundo empresarial que invirtiera esa cantidad de dinero por un retorno tan pequeño. Un empresario pensaría: *Tiene que haber una alternativa mejor.*
¡Y estaría en lo cierto!

¿Qué pasaría si pudiéramos eliminar todos los supuestos de nuestra forma de pensar y permitir que nuestro espíritu se sintonice con el Espíritu de Dios?

Entonces, ¿qué pasaría si pudiéramos remover la caja? ¿Qué pasaría si pudiéramos eliminar todos los supuestos de nuestra forma de pensar y permitir que nuestro espíritu se sintonice con el Espíritu de Dios para recibir nuevas, innovadoras y creativas ideas acerca de cómo ministrar de una manera que no esté limitada por nuestro entendimiento de lo que es posible en nuestro contexto actual?

Piensa en esto. ¿Y si tomáramos una porción minúscula de esos $2.6 millones para facilitar una plataforma desde la cual equipar a las familias de la iglesia para ministrar a niños? No para indicarles cómo ministrar, sino para permitirles acceder a inspiración del Espíritu para poder crear formas de ministerio que atienden al individuo. No un ministerio que se desarrolla los domingos a la mañana, sino un ministerio ejercido en la comunidad como parte de la vida cotidiana de la gente.

Las familias de la iglesia ya están en contacto con familias en la comunidad. Los hijos de todos ya asisten a clubes deportivos, escuelas, fiestas de cumpleaños y demás actividades.

Si pudiéramos facilitarles una plataforma que los equipe para ser más efectivos en las esferas en las cuales ya están plantados, ¿no sería eso mucho más efectivo, más barato, más emocionante y más diverso que construir un edificio más grande?

Verás, demasiadas veces le decimos a la gente cómo *debería* derrotar al gigante. Le decimos que se ponga la armadura de Saúl y avance cargando la pesada espada porque "esa es la manera" en que se pelea la batalla. Así es como se derrota al gigante. Pero, ¿qué pasaría si permitiéramos a la gente encontrar "su honda" (lo que sea que eso represente para ellos) y enfrentar al gigante en *su* fe en lugar de la nuestra? ¿Te imaginas cuántos gigantes derrotaríamos así? ¡Y con un presupuesto minúsculo! ¿Cuál es el máximo de niños que puedes impactar en *ese* paradigma?

¡Exactamente! *¡No hay límite!*

Preguntas para reflexionar

1. Al leer este capítulo, ¿qué supuestos tuyos han sido desafiados?

_____
_____
_____
_____
_____
_____
_____
_____

2. ¿Cómo se ha expandido tu mentalidad como resultado del desafío?

_____
_____
_____
_____
_____
_____
_____
_____
_____

50 Fuera de la caja

3. ¿Qué logras ver ahora que antes no podías ver?

capítulo 4

Cómo ser tu mejor versión mediocre

Cuando alineas tu mente con un paradigma fijo (o caja), algo curioso ocurre. El sistema de creencias limitado que has creado, comienza a limitar tus acciones. Esto crea un ambiente que comienza a preparar el terreno para algo totalmente ajeno a la naturaleza de Dios.

Se llama *competencia*.

La "competencia" no es una palabra que aparezca en el diccionario de Dios. Es algo que nunca formó parte de Su diseño original para la creación. La competencia es algo que nosotros creamos. No tanto porque lo hayamos inventado intencionalmente sino porque nuestra tendencia a crear cajas religiosas acabó creando un entorno en el cual la competencia ocurre naturalmente.

Mediocridad vs. Grandeza

A lo largo del Nuevo Testamento, parece haber un tema recurrente para los discípulos. Hablan mucho acerca de esto. Parecen muy preocupados acerca de quién de ellos era el mayor.

"En aquel tiempo los discípulos vinieron a Jesús, diciendo: ¿Quién es el mayor en el reino de los cielos?" (Mateo 18:1). Esta es sólo una referencia que menciona la conversación que estaba ocurriendo en torno a este tema.

¿No te parece interesante? De todas las cosas que se podrían haber estado preguntando, parecía ocuparse cada uno en tratar de ser mayor que el discípulo que se encontraba a su lado. Solemos leer estos pasajes y sacudir nuestras cabezas en señal de desaprobación, sin darnos cuenta de que las cajas que nosotros hemos creado en torno a nuestras vidas y ministerios, facilitan la misma narrativa.

Lo explicaré mejor recurriendo a la siguiente escritura acerca de Juan el Bautista.

De todas las cosas que se podrían haber estado preguntando, parecía ocuparse cada uno en tratar de ser mayor que el discípulo que se encontraba a su lado.

"Os digo que entre los nacidos de mujeres, no hay mayor profeta que Juan el Bautista; pero el más pequeño en el reino de Dios es mayor que él" (Lucas 7:28).

Este versículo me fascina porque habla acerca de dos paradigmas:
1) Los nacidos de mujer.
2) Los que están en el reino de Dios.

Cuando Jesús compara estos dos mundos y los contrasta para mostrar las diferencias, creo que quiere decir que quiere que aprendamos algo.

En el primer ejemplo, Jesús habla acerca de un mundo o un sistema en el cual sólo puede haber uno que es el mayor. En este "sistema" sólo puede haber un ganador. El clima y la cultura en este ambiente es el de una competencia. Todos compiten por el primer puesto. En este ejemplo, Jesús ya había asignado esa posición a Juan el Bautista. Juan era el mejor de esa categoría. Nadie podía ocupar su lugar. ¡Le pertenece a Juan!

Imagina vivir en un ambiente así. Es horrible, ¿verdad? Te esfuerzas y trabajas duro, pero ya sabes que nunca lograrás ser el mejor porque esa posición ya ha sido tomada. Tendrás que conformarte, como mucho, con el segundo lugar. ¡Qué desalentador!

En este mundo, Juan se convierte en el modelo a seguir para la grandeza. Todos en ese mundo se esfuerzan para ser como Juan, pero saben que nunca alcanzarán su nivel de grandeza.

En nuestros ministerios, hacemos exactamente lo mismo que hicieron los discípulos. Buscamos al mejor y modelamos nuestros ministerios en función de eso y luchamos por parecernos lo máximo posible al número uno. En la actualidad, el puesto número uno está siendo ocupado por un hombre llamado Joel... Joel Osteen. Seguramente habrás oído hablar de él.

Vemos a Joel y hacemos de él, y su modelo de ministerio, nuestro objetivo final. Pensamos, *Si tan solo pudiera hacerlo la mitad de bien que Joel, sería grandioso.* Esta manera de pensar es carnal. Es injusto para con nosotros y para con Dios el pensar de esta manera. Esta mentalidad o paradigma crea una jerarquía y motiva la competencia. Nos mantiene mediocres.

Nos enfocamos en cómo podemos ganar más puntos sin darnos cuenta de que el tablero que estamos viendo nos muestra nuestra posición dentro de un mundo de mediocridad. Lo mejor que nos puede pasar dentro de este "sistema" es llegar a ser la mejor versión mediocre de nosotros mismos.

Buscamos al mejor y modelamos nuestros ministerios en función de eso y luchamos por parecernos lo máximo posible al número uno.

Auténticos por diseño, artificiales por elección

Si lo que quieres es ser la mejor versión mediocre de ti mismo, debes seguir haciendo lo que estás haciendo. ¿Quién sabe? Tal vez logres ser un poco mejor que tu vecino.

Personalmente, yo quisiera ser parte del otro mundo del que habla Jesús. Ese mundo es mucho más grande. En ese mundo, incluso la persona más pequeña es mayor que el más grande de la otra caja.

¿Cómo se logra eso? Es simple. ¡Simplemente debemos remover las cajas de nuestras vidas!

Un empresario me dijo una vez: "Si no puedes ser el número uno en tu categoría, debes crear una nueva categoría en la cual seas el número 1". ¡Es genial! Me hizo pensar en las categorías que Dios tiene para nosotros.

Todos tenemos una dotación de dones que nos han sido dados a nosotros y a nadie más.

Pregúntate lo siguiente: ¿Cuántas categorías tiene Dios para Su gente? La respuesta es sencilla, pero difícil de comprender. Su cartera de categorías para sus hijos es infinita. La diversidad de planes y propósitos que Él tiene para nosotros no tiene fin.

Por diseño divino somos únicos y distintos. Todos tenemos una dotación de dones que nos han sido dados a nosotros y a nadie más. Por lo tanto, hay un rol que yo debo cumplir en la tierra y que nadie más puede cumplir. Solamente yo puedo dominar mi categoría porque, por definición, nadie más encaja en mi categoría. ¡Soy único!

El reino de Dios es un mundo creado para facilitar la diversificación extrema. En lugar de estar organizado como una jerarquía vertical, funciona horizontalmente en base a la diversificación. Requiere una manera de pensar distinta. Cuando lo entendemos y nos convertimos en quienes se supone que seamos, a Su imagen, automáticamente superamos al mayor de todos en el mundo carnal.

¿No es maravilloso? ¡Yo creo que sí!

En realidad, es muy simple y lógico. Sin embargo, nuestra tendencia sigue siendo modelarnos en función de los moldes que vemos de "los mejores". Siempre que tratemos de seguir un modelo basado en categorías determinadas por otros, estaremos errando al objetivo. Lo único que puedes hacer en ese marco, es intentar ser la mejor versión mediocre de ti posible.

Hay un nuevo mundo fuera de la caja

Dios nos quiere traer al nuevo mundo. Al mundo del reino. En este mundo encontrarás identidad y propósito a nivel individual y único. La manifestación de esto es algo que no tiene punto de comparación en el mundo en que vivimos. No se puede comparar con nada que exista porque, por definición, es único.

Si vamos a ser parte de este mundo, será necesario un cambio mental que romperá la caja en la que hemos estado durante mucho tiempo. Algunas cosas que creíamos que eran normales, dejarán de serlo. Tu nueva mentalidad traerá, como resultado, nuevos patrones de conducta, lo cual trastornará tu entorno y a la gente que te rodea. Recuerda lo que la Biblia nos enseña acerca del vino nuevo:

"Ni echa nadie vino nuevo en odres viejos. De hacerlo así, el vino nuevo hará reventar los odres, se derramará el vino y los odres se arruinarán" (Lucas 5:37, NVI).

El vino nuevo requiere un odre nuevo para ser preservado. Quienes estén en el reino tendrán un odre nuevo que recibirá el vino nuevo para llegar a ser auténticamente grandiosos a nuestra manera. Es allí adonde nos quiere llevar Dios. Es allí donde la iglesia será efectiva. Es allí donde veremos que vendrá Su reino y su voluntad será hecha en la tierra como lo es en el cielo.

Es allí donde los hijos de Dios se manifiestan para que la creación deje de esperar.

Preguntas para reflexionar

1. En este capítulo hablo acerca de dos sistemas. Uno que genera competencia y uno que genera una expresión creativa del propósito de Dios a través tuyo. Al leer este capítulo, ¿reconoces al primer sistema en áreas de tu vida en las que te das cuenta que has modelado tu actividad a partir de un molde que te ha sido dado? De ser así, explica los detalles.

_____

_____

_____

_____

_____

_____

_____

_____

2. ¿Qué puedes hacer para posicionarte en el contexto del segundo sistema, en el cual, incluso el más pequeño, es mayor que el mayor del primer sistema?

_____

_____

_____

_____

_____

_____

3. ¿Qué decisiones sientes que debes tomar para posicionarte para ser impulsado hacia el próximo nivel que Dios tiene para ti?

capítulo 5

Saliendo de la caja: Paso a paso

Listo. El entrenamiento básico está completo. Espero que ahora estés listo para comenzar el recorrido. El proceso de salir de la caja está a punto de comenzar. ¿Estás listo?

En los próximos cinco capítulos, detallaré el proceso de salir de la caja paso a paso. Te mostraré los cambios mentales que debes hacer, sistemáticamente, en cada fase, junto con las referencias de las Escrituras que soportan y dan solidez a cada punto. Cada paso servirá para construir sobre el paso anterior, en una secuencia lógica.

El profeta Isaías lo dijo de la siguiente manera:

"Porque mandamiento tras mandamiento, mandato sobre mandato, renglón tras renglón, línea sobre línea [...]" (Isaías 28:10).

Dios es sistemático. Lo que nos da mañana se basa en lo que nos da hoy. Cuando lees la Biblia ves el mismo proceso repetirse. Lo que hizo con Abraham se basa en lo que hizo con Adán. Lo que hizo con Moisés se basa en lo que hizo con Abraham. Incluso lo que hace hoy se basa en lo que hizo en el libro de los Hechos.

Lo mismo aplica para este proceso. Es crucial que entendamos, verdaderamente, cada uno de estos pasos y los abracemos en la secuencia correspondiente, uno a la vez. Si no lo hacemos, estamos construyendo una torre inclinada. Más tarde o más temprano la torre comenzará a caerse.

Entonces, si estás listo, comencemos.

Paso 1: Conciencia

Todo comienza con una cosa: ¡Conciencia!

Sin la conciencia no tenemos idea de nuestra propia situación. ¿Recuerdas mi historia? No tenía idea de que lo que estaba haciendo en mi ministerio estaba limitado por la caja en la que yo mismo me había encerrado. No me daba cuenta de que lo que estaba viviendo era mediocre en comparación con lo que Dios tenía preparado. Dios tenía mucho más preparado para mí, pero no podía ver más allá del paradigma que obstruía mi visión. Debía ser *consciente*, lo cual ocurrió a partir de la experiencia sobrenatural que compartí anteriormente.

Dios es sistemático. Lo que nos da mañana se basa en lo que nos da hoy.

Todos necesitamos una intervención divina cada tanto que nos muestre el mundo más allá de lo que podemos ver en la actualidad.

En el libro de Apocalipsis leemos lo siguiente:

"Después de esto miré, y he aquí una puerta abierta en el cielo; y la primera voz que oí, como de trompeta, hablando conmigo, dijo: Sube acá, y yo te mostraré las cosas que sucederán después de estas" (Apocalipsis 4:1).

Esta escritura me intriga. Aquí está Juan en la isla de Patmos y tiene esta visión vívida. Vio una puerta abierta en el cielo. Desde donde estaba parado podía ver que la puerta estaba abierta, pero no podía ver lo que había del otro lado.

Tal vez así te encuentres tú. Sabes que debe haber más en la vida que lo que estás experimentando actualmente. Sabes que Dios te quiere sacar del viejo ambiente mediocre en el que estás. Simplemente no sabes cómo hacerlo.

Muchas veces nos encontramos en la misma situación que Juan. Dios tiene una puerta abierta para nosotros, pero no podemos ver más allá de la puerta por la posición en la que estamos. Del otro lado de la puerta abierta hay cosas que ocurren. Cosas que tienen que ver con nuestro futuro.

Aunque la puerta estaba abierta, Juan no podía ver, a través de la puerta, lo que había del otro lado. A menos que se moviera a una posición más alta, a otro punto panorámico, iba a permanecer estancado en el lugar donde se encontraba.

No estar conscientes se interpone en lo que Dios quiere hacer

Necesitamos un cambio de paradigma similar, cada tanto, si queremos salir de nuestra caja. Necesitamos un encuentro con Dios que nos ayude a entender lo limitado de nuestra posición.

Te contaré una historia que me ayudó tremendamente a lo largo de los años. Es la historia del hombre con la cinta para medir del libro de Zacarías:

"Alcé después mis ojos y miré, y he aquí un varón que tenía en su mano un cordel de medir. Y le dije: ¿A dónde vas? Y él me respondió: A medir a Jerusalén, para ver cuánta es su anchura, y cuánta su longitud. Y he aquí, salía aquel ángel que hablaba conmigo, y otro ángel le salió al encuentro, y le dijo: Corre, habla a este joven, diciendo: Sin muros será habitada Jerusalén, a causa de la multitud de hombres y de ganado en medio de ella. Yo seré para ella, dice Jehová, muro de fuego en derredor, y para gloria estaré en medio de ella" (Zacarías 2:2-5).

Dios tiene una puerta abierta para nosotros, pero no podemos ver más allá de la puerta por la posición en la que estamos.

A primera vista, esta porción de la escritura parece sólo una historia, pero analizada más en profundidad, contiene una tremenda revelación. Analicemos esta porción de escritura parafraseando la historia verso por verso.

Aquí hay un hombre con una cinta para medir en su mano y está yendo a medir Jerusalén. Está muy entusiasmado. Seguramente su corazón está en el lugar correcto y ama al Señor. Está emocionado acerca de la ciudad de Dios, Jerusalén, y está comprometido a contribuir en la construcción de la ciudad. Su corazón estaba en el lugar correcto. No parece haber nada malo con esta ilustración. Era simplemente un día más en la vida de este hombre. Estaba contento de hacer la obra del Señor, construyendo la ciudad de Dios.

Dios nunca tuvo intención de que Jerusalén tuviera muros.

Este hombre es como muchos de nosotros. Estamos emocionados y comprometidos con la obra del ministerio. Queremos construir la ciudad de Dios. Nuestro corazón está en el lugar correcto y no vemos la hora de ver esa "ciudad" terminada para que pueda ser de bendición para muchos.

De nuevo, a simple vista, todo parece correcto. Es una gran historia. Pero, al profundizar, encontramos algo preocupante. Un ángel entra en escena y lo detiene, no deja que siga haciendo lo que iba a hacer. Le dice: "¿Qué crees que estás haciendo? ¿No sabes que Jerusalén será habitada como las ciudades sin muro?"

El ángel informó al hombre de algo muy importante que cambiaba todo lo relacionado con la actividad que el hombre estaba planificando. El ángel le aclaró que Jerusalén, la ciudad que estaba midiendo y ayudando a construir, no iba a tener muros.

¡Tremendo! ¡Qué gran cambio mental para este hombre! De hecho, era una revelación que cambiaba totalmente el juego.

Todo lo que hizo y todo lo que planeaba hacer se basaba en el supuesto de que la ciudad que iba a construir, seguramente tendría muros. Todo su ministerio estaba basado en ese supuesto. Él planeaba construir una ciudad amurallada. Sin embargo, Dios nunca tuvo intención de que Jerusalén tuviera muros.

Una intervención divina concientizó al hombre de algo que cambiaba todo, para siempre. Recuerda que la herramienta que el hombre traía era una cinta de medir. Era especialista en usar esa herramienta. Era un experto en realizar planos para construir ciudades amuralladas. Ahora se entera de que la ciudad que está tratando de construir ni siquiera va a tener paredes.

Aquello en lo cual él se destacaba se había vuelto irrelevante a la luz de la nueva información que había recibido. En cierta forma, debía desaprender lo que había estudiado toda su vida.

¿Cómo se miden las ciudades que no tienen muros? ¿Cómo planificas una ciudad sin muros? Básicamente, no puedes hacerlo. Sin embargo, Dios quiere una ciudad sin muros de todas formas. ¡Dios le está haciendo entender al hombre que lo que Él visualiza es una ciudad que no es mensurable!

Dios le dice: "¡Oye! ¿No lo sabías? Yo soy inmensurable y la ciudad que estoy construyendo también lo es".

A continuación, explica que la ciudad tendrá una multitud de gente y que Él mismo sería un muro de fuego alrededor de ellos. En otras palabras, donde quiera que el pueblo de Dios esté, allí estará el muro. No porque nosotros lo construyamos para Dios sino porque Dios mismo será ese muro.

¡Impresionante!

En la ciudad de Dios, cada persona debe ser una expresión única e inesperada de quién es Dios.

Los estándares pueden no ser lo que parecen

Piensa por un momento en la siguiente pregunta: ¿Qué es una "cinta de medir"? Bueno, es una herramienta que hace referencia a un estándar que alguna vez creó el hombre. No Dios, sino el hombre. Alguien, en algún momento de la historia, decidió que un pie medía un pie. De donde yo vengo, los Países Bajos, usamos el sistema métrico. Usamos metros. El tema con los metros es que alguien (tal vez el señor Metro), en algún momento, decidió que un metro era un metro. En ese preciso momento definió el estándar.

Desde ese momento en adelante, todo lo que se debía medir se midió utilizando ese estándar. Todas las cintas métricas fabricadas desde ese entonces hacen referencia al estándar creado por ese hombre.

¿Será posible que tengamos en nuestras mentes cintas de medir que hacen referencia a un estándar que nunca pretendió ser un estándar? ¿Será que estamos trabajando sobre supuestos de los cuales tenemos que ser conscientes? ¿Será que Dios está tratando de quitarnos las cintas de medir con las cuales medimos nuestro trabajo?

Muchas veces tenemos reuniones estratégicas para planificar cómo haremos crecer nuestros ministerios y establecemos parámetros que definen cómo se verá ese crecimiento. Dios dice: "No puede ser medido". No puedes crear planos para una ciudad sin muros. En la ciudad de Dios, cada persona debe ser una expresión única e inesperada de quién es Dios. No puede ser medido. No puede ser planificado.

Al igual que el hombre con la cinta de medir, nosotros necesitamos ser conscientes de esto para que dejemos de esforzarnos en reforzar la caja en la que estamos. En cambio, debemos darnos cuenta de la existencia de la caja. Esto es indispensable para el próximo paso.

Antes de salir de la caja, es necesario que nos demos cuenta de que estamos en una caja. Al igual que el hombre con la cinta de medir, puede que no sepamos que estamos en una caja.

En el primer paso de este proceso, Dios nos cuenta una historia; nos explica que hay una caja. Y adivina una cosa. Tú y yo estamos en esa caja. A menos que entendamos eso, seguiremos construyendo paredes amuralladas e impidiendo que las multitudes que deben habitar Jerusalén, lo puedan hacer.

Preguntas para reflexionar

1. Este capítulo comienza el proceso de "salir de la caja" con el paso 1, que es la "conciencia", el darse cuenta de la realidad. ¿Te ha hecho ver algo Dios que no podías ver antes de leer este capítulo? Por favor, escribe los detalles de tu experiencia.

Fuera de la caja

2. En este capítulo explico cómo las "varas de medir" de nuestra mente nos impiden construir correctamente lo que Dios quiere que construyamos, a causa de los supuestos que tenemos en nuestra mente acerca de cómo se construye. ¿Qué varas de medir has identificado en tu forma de pensar?

_____

_____

_____

_____

_____

_____

_____

_____

_____

_____

_____

_____

_____

_____

_____

_____

_____

_____

_____

capítulo 6

Piensa más grande

Cuando tenía diecinueve años de edad, vivía en una casa comunitaria con otros once muchachos de mi edad. La iglesia de la cual formaba parte tenía varias de estas casas. Fue un tiempo increíble de crecimiento espiritual, entendimiento de la Palabra de Dios y de aprender a caminar por fe. La casa en la que vivíamos estaba sobre un típico canal holandés en el centro de una ciudad llamada Utrecht. Era una casa bastante grande (comparada con la mayoría de las casas holandesas), pero como éramos once en la casa, yo tenía que compartir mi habitación con otros tres muchachos. Estaba bastante apretado, pero no lo hubiera cambiado por nada.

Me pasaron cosas increíbles durante este tiempo. Éramos un grupo de apasionados jóvenes radicales que a veces hacían cosas fuera de lo común para esparcir el evangelio. Vimos milagros de todo tipo, gente liberada de demonios y cientos de personas que vinieron a Cristo. Casi todos los días estábamos en las calles de la ciudad y casi todos en la ciudad sabían de nosotros o habían asistido a uno de nuestros servicios.

Noticia de último momento: ¿Y qué si estamos equivocados...?

Una de las cosas que más disfrutaba en ese tiempo eran las conversaciones hasta altas horas de la noche con los otros muchachos. Solíamos quedarnos simplemente charlando y abriendo nuestros corazones. A veces hablábamos de teología. Otras veces compartíamos historias de lo que Dios estaba haciendo en, y a través de, nuestras vidas.

Recuerdo una de esas conversaciones claramente. La llevo conmigo como si hubiera ocurrido ayer. Alguien del grupo preguntó:

"¿Y qué si estamos equivocados?".

"¿A qué te refieres con 'equivocados'?" le preguntamos.

"Bueno, tanta gente leyó la misma Biblia que yo estoy leyendo y llegó a conclusiones diferentes acerca de lo que las palabras en ese libro significan", dijo. "Hay tantas interpretaciones. ¡Obviamente no todas pueden ser correctas!".

"¿Qué si la mitad de lo que creemos es resultado de nuestra propia interpretación de la Escritura y no de la interpretación de Dios?", continuó. "¿Qué si la mayoría de lo que creemos lo creemos sólo porque alguien nos dijo que era verdad? Pero, ¿y si no lo fuera?".

Bueno, era un buen punto. Para ser honesto, es un pensamiento bastante intimidante. Noté que uno de los muchachos parecía nervioso. Dios le estaba hablando a través de esta pregunta: ¿Y qué si todos estamos equivocados?

Este joven, en particular, se destacaba por devorar libros. Aprendía todo lo que podía aprender. Tenía estanterías llenas de libros de todo tipo de temática espiritual. Tenía mucho conocimiento.

Al escuchar la pregunta, su mente llegó al punto de darse cuenta de que estar equivocados era una verdadera posibilidad. Él se preguntaba cuánto de lo que había aprendido a lo largo de los años era en realidad información que lo mantenía alejado del deseo de Dios en lugar de acercarlo. Y cuántas horas de estudio hubieran sido un desperdicio. Este pensamiento lo estaba volviendo loco.

De repente, me vino la solución al problema y la presenté al grupo.

"¿Por qué no oramos y le pedimos a Dios que quite todo lo que sabemos?", pregunté. "¿Por qué no ponemos todo nuestro conocimiento en el altar y empezamos de cero? ¿Por qué no le pedimos que tome el 100% de lo que sabemos, incluso aquello de lo cual estamos seguros, y que nos devuelva sólo lo que verdaderamente viene de Él?".

Era simple, pero muy difícil. Recuerdo la mirada de mi amigo tratando de calcular el posible costo de hacer esa oración.

"¿Qué pasaba si sólo volvía el diez por ciento?", preguntó. "O peor aún, ¿si sólo volvía el 2%? Sería un desastre".

Obviamente lo mejor que puedes hacer es hacer una oración como esa. ¿Qué puede ser mejor que deshacerte de la falsa información para removerla de tu pensamiento? Enterrar tu cabeza en la arena no ayuda a nadie.

Estoy compartiendo esta historia porque hacer una revisión de tu sistema de creencias es una de las mejores cosas que puedes hacer si quieres salir de tu pequeña caja. De hecho, es un paso crucial para salir de la caja.

Hacer una revisión de tu sistema de creencias es una de las mejores cosas que puedes hacer si quieres salir de tu pequeña caja.

Paso 2: Piensa más grande

El paso 2 del proceso es pensar más grande. Se trata de pensar *fuera de la caja* a la cual te has acostumbrado. Es algo muy difícil de hacer porque desafía el núcleo de tu sistema de creencias y, por lo tanto, tu comportamiento.

¿Cómo es eso?, te preguntarás.

Bueno, si te enseñan algo y decides creerlo, esa enseñanza contribuirá a la formación de un sistema de creencias. Eventualmente, tus acciones se alinearán a ese sistema de creencias. Esas acciones crearán un patrón de comportamiento. Tu comportamiento traerá resultados que estarán directamente correlacionados con el pensamiento original que decidiste creer en el comienzo de este proceso.

Hagamos la ingeniería inversa de este proceso rápidamente.

Si quieres obtener resultados diferentes en tu vida, debes cambiar tu comportamiento. La única manera de cambiar tu comportamiento es cambiando lo que crees. Sólo puedes cambiar lo que crees si eres desafiado acerca de lo que es correcto. Esto se llama la reformación de la mente. ¡Si quieres obtener resultados diferentes debes cambiar tu forma de pensar! Para poder cambiar tu forma de pensar debes desafiar lo que crees. No hay otra manera.

La fiesta de los panes sin levadura
Veamos esta historia del libro de Éxodo:

> "Siete días comeréis panes sin levadura; y así el primer día haréis que no haya levadura en vuestras casas; porque cualquiera que comiere leudado desde el primer día hasta el séptimo, será cortado de Israel" (Éxodo 12:15).

La estadía prolongada de los Israelitas en Egipto se volvió una maldición que los llevó a ser esclavos por cientos de años.

Este pasaje habla acerca de una fiesta que Dios instruyó a los Israelitas que debían festejar cuando estaban en Egipto. Antes de entrar en el simbolismo profético y lo que significa para nosotros hoy, veamos el trasfondo de la historia.

Cuando Moisés instruyó a los israelitas a celebrar la fiesta de los panes sin levadura, llevaban 430 años de esclavitud. Piénsalo un momento.

Los israelitas habían sido el pueblo escogido de Dios a causa de Su pacto con Abraham. Originalmente habían llegado a Egipto por medio de una intervención divina para escapar de la inanición durante un tiempo de hambruna en Israel –lo que llegó a ser la Tierra Prometida–. Habían llegado como una familia –Dios había enviado a José antes que su familia para llegar a ser como un padre para Faraón (Génesis 45:8) y poder ofrecer a su familia un lugar donde vivir durante la hambruna–. Este plan debía ser temporario. Sin embargo, al permanecer demasiado tiempo en esta temporada de Dios, habiendo crecido, de ser una familia a ser una nación, la temporada se convirtió en una limitación. De hecho, su estadía prolongada en Egipto se volvió una maldición que los llevó a ser esclavos por cientos de años.

Ahora bien, cuando leo una historia como ésta me pregunto qué significa esta historia para mí. Recuerda que éste era el pueblo de Dios. No era un pueblo gentil. ¡Era el pueblo de Dios! ¡Gente que tenía un pacto con Dios mismo!

¡Esta historia es acerca de nosotros! Aparentemente es posible que el pueblo de Dios esté en un lugar de cautividad. Es más, parece que es posible, no sólo estar en cautividad, sino estar en cautividad de generación en generación por cientos de años.

Imagina cómo es crecer en un ambiente como ése. Sabes quién es Dios. Sabes de dónde vienes. Sabes del pacto que Dios tiene contigo. Tienes toda la información. Sin embargo, estás viviendo una vida que es absolutamente ajena al plan de Dios.

Puedo imaginar que después de 430 años de eso, llegas a creer que el pacto con Dios es como te lo indica tu experiencia personal. Recuerda que este era el pueblo de Dios. ¡Esta historia habla de nosotros! Tú y yo. Pero no sólo habían sido esclavizados en una tierra lejana donde les fue quitada su verdadera herencia, sino que ocurrió algo peor.

Aparentemente, es posible que el pueblo de Dios se esfuerce trabajando día y noche para construir algo absolutamente ajeno al propósito de Dios. Es un pensamiento que asusta, ¿verdad? Sus 430 años de trabajo no solamente produjeron algo distinto de lo que Dios había visionado, ¡sino que, literalmente, fortalecieron el imperio de su enemigo!

Piénsalo por un momento.

Es posible que el pueblo de Dios se esfuerce trabajando día y noche para construir algo absolutamente ajeno al propósito de Dios.

Esto es mucho más que una historia de escuela dominical. ¿Puede ser que esta historia esté hablando de nosotros? ¿Es posible que muchos de los esfuerzos bien intencionados que llamamos "ministerio" estén, de hecho, edificando pirámides? Creo que por lo menos debemos considerar esa posibilidad. Y, por cierto, las pirámides se pueden ver asombrosas, pero no son más que tumbas enormes y elaboradas. No hay nada vivo en ellas. Son, literalmente, "obras muertas".

¿Qué podemos aprender aquí? Leamos lo que ocurrió en Éxodo:

"*Aconteció que después de muchos días murió el rey de Egipto, y los hijos de Israel gemían a causa de la servidumbre, y clamaron; y subió a Dios el clamor de ellos con motivo de su servidumbre. Y oyó Dios el gemido de ellos, y se acordó de su pacto con Abraham, Isaac y Jacob. Y miró Dios a los hijos de Israel, y los reconoció Dios*" (Éxodo 2:23-25).

¿Qué debemos quitar de nuestro sistema de creencias para poder escapar de nuestra limitación?

Parece que, en cierto momento, Israel ya había tenido suficiente. No estoy seguro por qué les tomó 430 años llegar a ese punto, pero supongo que lo importante es que finalmente lo hicieron. Clamaron a Dios. Ya habían tenido suficiente. "Dios, ¡tiene que haber algo más!", dijeron. "Sácanos de este lugar miserable".

Dios escuchó su clamor y los tomó en cuenta. ¡El plan de escape fue puesto en marcha! Cuando Dios escuchó al pueblo, fue en busca de un hombre que los pudiera liderar. Encontró a Moisés frente a la zarza ardiente y lo envió a liberar al pueblo. Lo interesante es que el plan de escape implicaba festejar la fiesta de los panes sin levadura. Moisés llamó a los ancianos y les dio instrucciones. Leámoslo:

"*Siete días comeréis panes sin levadura; y así el primer día haréis que no haya levadura en vuestras casas; porque cualquiera que comiere leudado desde el primer día hasta el séptimo, será cortado de Israel*" (Éxodo 12:15).

¿Qué significa esto para nosotros, proféticamente? Si estudias la "levadura" en la Biblia, verás que en el Nuevo Testamento Jesús habla de "la levadura de los Fariseos y Saduceos":

"Y Jesús les dijo: Mirad, guardaos de la levadura de los fariseos y de los saduceos" (Mateo 16:6).

En este versículo, Jesús se está refiriendo a la "levadura corrompida" de los Fariseos y los Saduceos. La instrucción de Moisés a los israelitas de quitar la levadura de sus casas por siete días habla proféticamente de la doctrina corrompida. Como ya hemos visto, tu doctrina o sistema de creencias determina tus acciones y tu comportamiento. Al quitar la "levadura", quitamos los sistemas de creencias incorrectos de nuestra manera de pensar. Le permitimos a nuestras mentes pensar fuera de la caja en la que hemos estado tanto tiempo.

Para pensar: ¿Cuál es tu plan de escape?

Para los israelitas, la caja duró 430 años. ¿Cuánto tiempo hemos pasado nosotros en nuestras cajas? ¿Qué debemos quitar de nuestro sistema de creencias para poder escapar de nuestra limitación?

Cabe destacar que los israelitas debían celebrar la fiesta de los panes sin levadura por siete días. *Siete* es un número que habla de "plenitud". Antes de poder unirse para celebrar al cordero de la Pascua, debían unirse y, sistemáticamente, eliminar la levadura hasta que el proceso fuera completado. Sólo entonces serían capaces de escapar a su limitación.

Es notable que, después de haber salido de Egipto, Dios les instruyó a repetir esta celebración año tras año. Debían repetir este proceso periódicamente. Del mismo modo, debemos evaluar nuestro sistema de creencias periódicamente y permitir que nuestra mente piense más allá de nuestra realidad actual.

A los espíritus religiosos les encanta condenarnos por pensar fuera de la caja.

Es un proceso que va contra la intuición. A los espíritus religiosos les encanta condenarnos por pensar fuera de la caja. Cuando desafiamos las cosas que sabemos que son ciertas con tal de buscar una mayor revelación, el diablo no se pone contento. Él sabe que si alcanzamos un mayor entendimiento de quién es Dios y lo que Él tiene para nuestras vidas, eso destruirá su dominio.

Quiero que te quedes tranquilo acerca de una cosa. Dios te amó desde antes de que tú lo conocieras; te seguirá amando cuando lo conozcas, incluso cuando permitas que tu cerebro desafíe algunas de tus creencias. No te condenará por usar el cerebro que te dio. Aun cuando lleguemos a conclusiones erradas, podemos estar seguros de que Él nos atraerá de nuevo: "*Entonces tus oídos oirán a tus espaldas palabra que diga: Este es el camino, andad por él* [...]" (Isaías 30:21).

Si Dios nos amó cuando estábamos en pecado, seguramente nos amará ahora. Permítete pensar en grande. Permite a tu cerebro divagar y explorar posibilidades fuera de la caja en la que siempre has estado. Si te equivocas al hacerlo, no te preocupes, Él te llamará de nuevo. Pero si lo haces bien, las posibilidades no tienen fin.

Recuerda que has sido llamado a la grandeza. Has sido llamado a una vida abundante. Escapemos de nuestras limitaciones y nos movamos más allá de nuestra experiencia actual.

Preguntas para reflexionar

1. En este capítulo hablo acerca de entregar al Señor todo nuestro conocimiento a fin de obtener un mayor entendimiento, aun de aquellas cosas que creemos conocer bien. ¿Cuáles son algunas cosas que estás seguro de entender bien, que estarías dispuesto a entregar a Dios para recibir un entendimiento más refinado?

Fuera de la caja

2. Expliqué el mensaje profético detrás de la Fiesta de los Panes sin levadura y cómo representa la remoción de nuestras vidas de la doctrina corrompida. Eso puede sonar aterrador. ¿Cuál es tu mayor temor a la hora de pensar en iniciar este proceso? ¿Qué cosas te impiden celebrar la Fiesta de los panes sin levadura en tu vida?

capítulo 7

¡Sal!

YA HEMOS VISTO los dos primeros pasos de los cinco que componen este proceso que nos ayudará a salir de la caja.

El paso 1 era la Conciencia. Debemos ser conscientes de que existe una caja y de que puede que estemos dentro de esa caja.

El paso 2 era Pensar más grande, es decir, animarnos a pensar fuera de la caja: ¿qué más habrá allí afuera que me estoy perdiendo? Debe haber más. Explorémoslo. Pensemos más grande; pensemos más allá de nuestra situación y realidad actuales. Descubramos una página de nuevas posibilidades y oportunidades que antes no podíamos ver desde dentro de la caja.

Ahora que ya hemos descubierto nuevas posibilidades más allá de nuestra realidad actual, lo importante es que salgamos de las cajas en las que nos encontramos. No tiene sentido pensar fuera de la caja y descubrir que hay un mundo allí fuera, si nos vamos a quedar en la caja que nos limita. Esto puede sonar como una conclusión lógica y simple, pero este paso puede ser más difícil de lo que crees. Hay una gran diferencia entre entender que algo debe ocurrir y efectivamente actuar para que eso ocurra.

Paso 3: Actuar

El paso 3 se trata de poner un pie fuera de la caja, al poner nuestra fe en acción.

Explorar nuevas posibilidades es grandioso. Pero no ayuda a nadie si no tienes el coraje de dar el paso de, efectivamente, hacer algo. De hecho, puedes soñar todo el día acerca de las posibilidades que hay fuera de tu paradigma actual, pero si no tienes el valor de salir del paradigma, sólo te hará daño.

La Biblia dice lo siguiente: *"La esperanza que se demora es tormento del corazón; Pero árbol de vida es el deseo cumplido"* (Proverbios 13:12).

El paso 2 del proceso tiene que ver con la esperanza. Cuando ves más allá de las limitaciones de tu situación actual, se despierta la esperanza. La esperanza es un arma asombrosamente poderosa, pero sólo si no se demora. Si se demora, enferma al corazón.

Puedes soñar todo el día acerca de las posibilidades que hay fuera de tu paradigma actual, pero si no tienes el valor de salir del paradigma, sólo te hará daño.

Para que esto no ocurra debemos prestar atención a la visión desarrollada durante el paso 2. Reitero que parece más fácil de lo que es. Tenemos tantas maneras de pensar, patrones y hábitos arraigados en nosotros, que puede resultar muy difícil salir de esa condición. Nuestros cerebros están programados para pensar de la vieja manera, lo cual hace que sea muy difícil escapar de allí.

De hecho, la fortaleza está en nuestra mente:

"Porque las armas de nuestra milicia no son carnales, sino poderosas en Dios para la destrucción de fortalezas, derribando argumentos y toda altivez que se levanta contra el conocimiento de Dios, y llevando cautivo todo pensamiento a la obediencia a Cristo" (2 Corintios 10:4-5).

El conocimiento de Dios está en guerra con los argumentos que se levantan contra Él. El mundo de las ideas o, dicho de otra manera, nuestra mente, es el campo de batalla.

El paso 3, entonces, tiene que ver con llevar cautivos los malos pensamientos y mentalidades para que podamos ser liberados para dar pasos hacia afuera de nuestra zona de comodidad. Alguien dijo que nunca podrás descubrir nuevos océanos a menos que tengas el valor de perder de vista la orilla. ¡Es muy cierto! La orilla es un lugar seguro. Es el lugar que conocemos. Es nuestra zona de comodidad. Descubrir nuevos territorios y tomar posesión de ellos requiere que tengamos la valentía necesaria para dejar el lugar con el cual nos hemos familiarizado tanto.

La innovación y el progreso ocurren al borde del caos. Ocurren donde el terreno familiar se encuentra con el terreno que no nos es familiar; en un lugar que aún no ha sido desarrollado; en un lugar caótico donde todavía no hay orden. Cuando encuentras un lugar que está desarrollado significa que alguien llegó antes que tú y puso orden allí. Esto te ayudará a detectar un lugar que todavía no ha sido desarrollado para conquistarlo.

(Importante): Cree que eres único y actúa en consecuencia

Recuerda al pueblo de Israel. Vinieron al río Jordán, listos para tomar la tierra. Cuando cruzaron el Jordán, ocurrió algo maravilloso. En la tierra prometida, del otro lado del Jordán, había una porción de tierra asignada a cada individuo. Cada persona que pertenecía a la nación de Israel tenía su propia herencia. Ningún lugar era igual. Cada persona tenía una porción de tierra que había sido destinada para él o ella, y que llevaba su nombre. Nadie más debía tomar esa porción de tierra. Pertenecía a esa persona.

La innovación y el progreso ocurren al borde del caos.

Esto revela un principio maravilloso del corazón de Dios. Él no quiere que tu propósito o tu destino sea el mismo que el de otra persona. Tú eres único. Por diseño divino, cada uno de nosotros tendrá que descubrir nuevo territorio que aún no ha sido desarrollado. No hay punto de referencia en toda la historia de quién estás destinado a ser. Dios te creó con un destino divino, para poseer una porción de tierra que te pertenece sólo a ti. Para poseer tu tierra tendrás que salir de la caja en la que creciste.

La historia de Elías y Eliseo ilustra la diferencia entre ver y hacer. Describe a la perfección a un grupo de personas que percibe la realidad del futuro, pero elige permanecer en el presente por la forma en que sus mentes están programadas para pensar. Y contrasta a este grupo con Eliseo, que vio lo mismo que esta gente, pero decidió actuar de forma distinta a partir de la información que tenía. Decidió actuar en consecuencia más que permanecer, pasivo, en lo que le era familiar.

Leamos la historia en 2 Reyes 2:1-17:

"Aconteció que cuando quiso Jehová alzar a Elías en un torbellino al cielo, Elías venía con Eliseo de Gilgal. Y dijo Elías a Eliseo: Quédate ahora aquí, porque Jehová me ha enviado a Bet-el. Y Eliseo dijo: Vive Jehová, y vive tu alma, que no te dejaré. Descendieron, pues, a Bet-el.

Y saliendo a Eliseo los hijos de los profetas que estaban en Bet-el, le dijeron: ¿Sabes que Jehová te quitará hoy a tu señor de sobre ti? Y él dijo: Sí, yo lo sé; callad. Y Elías le volvió a decir: Eliseo, quédate aquí ahora, porque Jehová me ha enviado a Jericó. Y él dijo: Vive Jehová, y vive tu alma, que no te dejaré. Vinieron, pues, a Jericó.

Y se acercaron a Eliseo los hijos de los profetas que estaban en Jericó, y le dijeron: ¿Sabes que Jehová te quitará hoy a tu señor de sobre ti? El respondió: Sí, yo lo sé; callad. Y Elías le dijo: Te ruego que te quedes aquí, porque Jehová me ha enviado al Jordán. Y él dijo: Vive Jehová, y vive tu alma, que no te dejaré. Fueron, pues, ambos.

Y vinieron cincuenta varones de los hijos de los profetas, y se pararon delante a lo lejos; y ellos dos se pararon junto al Jordán. Tomando entonces Elías su manto, lo dobló, y golpeó las aguas, las cuales se apartaron a uno y a otro lado, y pasaron ambos por lo seco. Cuando habían pasado, Elías dijo a Eliseo: Pide lo que quieras que haga por ti, antes que yo sea quitado de ti. Y dijo Eliseo: Te ruego que una doble porción de tu espíritu sea sobre mí.

Él le dijo: Cosa difícil has pedido. Si me vieres cuando fuere quitado de ti, te será hecho así; mas si no, no. Y aconteció que yendo ellos y hablando, he aquí un carro de fuego con caballos de fuego apartó a los dos; y Elías subió al cielo en un torbellino.

Viéndolo Eliseo, clamaba: ¡Padre mío, padre mío, carro de Israel y su gente de a caballo! Y nunca más le vio; y tomando sus vestidos, los rompió en dos partes. Alzó luego el manto de Elías que se le había caído, y volvió, y se paró a la orilla del Jordán. Y tomando el manto de Elías que se le había caído, golpeó las aguas, y dijo: ¿Dónde está Jehová, el Dios de Elías? Y así que hubo golpeado del mismo modo las aguas, se apartaron a uno y a otro lado, y pasó Eliseo.

Viéndole los hijos de los profetas que estaban en Jericó al otro lado, dijeron: El espíritu de Elías reposó sobre Eliseo. Y vinieron a recibirle, y se postraron delante de él. Y dijeron: He aquí hay con tus siervos cincuenta varones fuertes; vayan ahora y busquen a tu señor; quizá lo ha levantado el Espíritu de Jehová, y lo ha echado en algún monte o en algún valle. Y él les dijo: No enviéis. Mas ellos le importunaron, hasta que avergonzándose dijo: Enviad. Entonces ellos enviaron cincuenta hombres, los cuales lo buscaron tres días, mas no lo hallaron".

Este es el trasfondo de la historia. Eliseo estaba a punto de ser lanzado a su propio ministerio, único y auténtico. Había sido mentoreado por Elías durante un buen tiempo. Había aprendido mucho. Había llegado el tiempo de que Eliseo tomara la posta, porque Elías se estaba por ir. La forma en la que se iría era bastante notable como puedes leer en la historia. La forma en que se fue estaba "fuera de la caja".

Nunca antes en la historia había alguien dejado la tierra de la manera en que lo hizo Elías. Sólo había habido una persona en toda la historia que, técnicamente, no había muerto; su nombre era Enoc: *"Caminó, pues, Enoc con Dios, y desapareció, porque le llevó Dios"* (Génesis 5:24).

Sin embargo, este caso era diferente. ¿Carrozas de fuego? ¡Impresionante! ¿Quién hubiera pensado que eso era siquiera una posibilidad? No había ningún punto de referencia en toda la historia acerca de algo parecido.

Sin embargo, de alguna manera, había bastantes personas que sabían que esto estaba por ocurrir. Verás, una vez que dominas el Paso 1 y el Paso 2 del proceso, tienes la habilidad de ver cosas que otros no ven dentro del paradigma actual. Eso es exactamente lo que ocurrió en la historia que acabamos de leer.

Vieron el futuro, pero su experiencia no pasó más allá de haberlo visto.

Tenemos a Elías, que está yendo de la ciudad de Gilgal a la de Betel. Antes de partir, intenta disuadir a Eliseo para que se quedara en Gilgal, pero Eliseo no se quiso quedar. Él está comprometido a actuar y a seguir a su maestro.

Cuando llegaron a Betel había un grupo de gente, los hijos de los profetas, que querían hacerle ver algo a Eliseo. Le dijeron: "¿Sabías que el Señor te quitará a tu maestro hoy?".

Aparentemente, este grupo de profetas era muy preciso a la hora de anticipar el futuro. Estaban en lo cierto. Pudieron ver anticipadamente lo que iba a ocurrir. Sabían exactamente lo que estaba a punto de ocurrir con Elías, aunque no existía punto de referencia en la historia para lo que ocurriría. Yo diría que tenían un don profético bastante impresionante, ¿no te parece?

Cuando le dijeron esto a Eliseo, él respondió: "Sí, lo sé, callad". Eliseo había visto lo mismo que los profetas. Tanto los profetas como Eliseo habían alcanzado el paso 2 de este proceso. Habían percibido una realidad que estaba fuera de su caja.

La historia continua con Elías que le dice a Eliseo que irá a Jericó. El escenario se repite, con una sola diferencia. Los profetas se quedan atrás. No siguen a Elías; sino que se quedan en Betel. No actuaron a partir de la revelación recibida. Vieron el futuro, pero su experiencia no pasó más allá de haberlo visto.

Al llegar a Jericó, otra compañía de profetas entra en escena. Habían visto lo mismo que Eliseo. Incluso le indicaron a Eliseo que Elías le sería quitado. Una revelación profética muy impresionante, ¿verdad? Tenían facilidad para ver fuera de la caja de su realidad actual y eran capaces de declarar lo que veían con palabras. Sin embargo, cuando Elías se fue de Jericó, ellos se quedaron allí. Su revelación nunca llegó a ser algo más que información acerca del futuro. ¡Nunca fueron parte de ese futuro porque se quedaron a la distancia!

Eliseo se rehusó a actuar de esa manera. Él estaba comprometido con el proceso. Él sabía que, a la revelación, había que sumarle acción para ver resultados en su ministerio. Cuando Elías lo quiso disuadir para que se quedara en Jericó, Eliseo dijo: "Vive Jehová, y vive tu alma, que no te dejaré". La valentía de actuar en función de lo que había visto fue la clave para que Eliseo fuera lanzado a su propio ministerio, único y auténtico.

Fe + inacción = Nada

Lo mismo es cierto para nosotros. Necesitamos actuar en consecuencia de lo que Dios nos muestra. La fe sin obras está muerta (Santiago 2:26).

Estos son algunos puntos interesantes de la historia:

En cada ciudad por la cual pasaron Elías y Eliseo, había un grupo de personas que percibía y veía el futuro con claridad. Sabían exactamente lo que iba a ocurrir. Yo creo que es algo bastante impresionante. El punto es que Eliseo no era el único que podía ver más allá del presente. No era el único que veía cosas fuera de la caja de la realidad actual.

Sin embargo, él fue el único que efectivamente actuó en consecuencia de lo que había visto.

> Cuando la oportunidad se presenta, debemos tener la valentía necesaria para salir de nuestro paradigma actual y aventurarnos al nuevo territorio.

Más allá de esto, yo encuentro otro detalle de la historia aún más fascinante y tiene que ver con las otras personas, esos profetas que estaban en lo cierto todo el tiempo, sabían todo, pero nunca actuaron. Piénsalo por un momento. Aquí tienes a un grupo de muchachos –no sabemos cuántos, pero imagino que pueden haber sido como 150– que veían el futuro con precisión. Percibían y declaraban lo que Dios estaba por hacer con Elías.

Uno se imagina que, cuando los hechos ocurrieran, dirían: "Te lo dije". Sin embargo, su reacción fue totalmente la opuesta. Es una locura. Ellos fueron quienes, colectivamente profetizaron y declararon lo que estaba por ocurrir a Elías. Pero cuando lo que dijeron se hizo realidad, algo notable sucedió. Ellos son quienes dicen, en el verso 16, lo siguiente: *"He aquí hay con tus siervos cincuenta varones fuertes; vayan ahora y busquen a tu señor; quizá lo ha levantado el Espíritu de Jehová, y lo ha echado en algún monte o en algún valle".*

¿No es sorprendente? Los mismos que habían visto el futuro fueron los que, inmediatamente, se volvieron a sus experiencias y su realidad pasadas. Su primera reacción fue enviar a cincuenta personas a las montañas a tratar de recuperar aquello que ellos mismos habían dicho que sería llevado.

Lo repetiré una vez más: su instinto inmediato fue recuperar aquello que ellos mismos habían declarado que sería llevado, basados en lo que habían visto del futuro.

Pensar y ver fuera de la caja no es suficiente. Cuando la oportunidad se presenta, debemos tener la valentía necesaria para salir de nuestro paradigma actual y aventurarnos al nuevo territorio que hemos visto durante algún tiempo.

Todos corremos el riesgo de no hacer esto. Todos tenemos la tendencia a quedarnos con lo conocido. Puede que percibamos el mundo que Dios tiene preparado para nosotros fuera de la caja, pero a la hora de la verdad, ¿estamos actuando en función de lo que vemos o estamos volviendo, por defecto, a lo que conocemos?

No sé tú, pero yo quiero ser como Eliseo y decir: "Vive Jehová, y vive tu alma, que no te dejaré".

Es mi oración que, cuando pensemos fuera de la caja y descubramos un mundo nuevo allí fuera, tengamos la valentía de realizar la acción que acompaña ese descubrimiento.

En cuanto a mí, yo quiero salir de la caja. ¿Y tú?

Preguntas para reflexionar

1. ¿Qué pasos prácticos puedes tomar para poner en acción lo que has descubierto hasta el momento? ¿Cuáles son algunas cosas que Dios te ha mostrado en el proceso de este libro que ahora puedes poner en acción, tomando decisiones claras al respecto?

86 Fuera de la caja

2. En este capítulo comparo a la compañía de profetas con Eliseo. ¿Te sientes más identificado con Eliseo o con la compañía de profetas? ¿Por qué? Si te identificas más con la compañía de profetas, ¿qué decisiones prácticas puedes tomar para cambiar esto?

capítulo 8

Destruye la caja

Aquí estamos! En el paso número 4 de este proceso. Este paso es, probablemente, el más difícil y, a su vez, el paso que más libertad traerá a tu vida. No me malinterpretes, pensar fuera de la caja y dar el primer paso para salir de la misma puede ser muy liberador. Sin embargo, el solo hecho de que estés fuera de la caja no significa que la caja ya no te controle.

Hay algo más que debe ocurrir para "cerrar el trato"; algo que trate con las cajas de tu pasado de una vez y para siempre. Verás, cuando sales de una caja, esa caja sigue siendo parte de tu mundo. Puede que estés fuera de ella, pero es como si la caja todavía estuviera en el centro de tu manera de pensar. Es como si estuvieras atado a la caja con hilos invisibles.

Las mentalidades, los paradigmas, las culturas y los procesos de pensamiento son muy poderosos, como hemos visto en el capítulo anterior. Si los cincuenta profetas no fueron capaces de dejar atrás lo que conocían por experiencias anteriores, ¿por qué creemos que nosotros podríamos hacerlo? ¿Qué nos hace pensar que nosotros no recaeremos en lo que siempre creímos que era lo correcto?

Paso 4: Destruye tu caja

Algo debe ocurrir para que puedas afirmarte en tu libertad recientemente lograda. Debes destruir tu caja y eliminarla por completo de tu realidad –de hecho, debes hacer esto con todas y cada una de las cajas de tu pasado–. De alguna manera, debes destruir todas aquellas cajas que alguna vez controlaron tu manera de pensar y limitaron la vida abundante que Dios tiene para ti.

No es tarea fácil, ¡créeme! Cuando comiences a hacerlo, te darás cuenta de que las cajas no se prenden fuego fácilmente, aunque lo intentes. ¡Hasta parecen ignífugas! Son difíciles de destruir. Sin embargo, todos debemos pasar por este proceso para poder experimentar libertad verdadera.

Anímate, porque hay un lugar donde la caja ya no ejerce control sobre tu vida. Es cierto que seguirás en un mundo donde la gente tiene sus cajas. Eso no va a cambiar. Pero, eventualmente, llegarás a un punto en que tu caja ya no ejerza control sobre ti. Cuando seas capaz de destruir tu propia caja, serás verdaderamente libre para entrar y salir de las cajas de otras personas sin que te afecte.

> Debes destruir tu caja y eliminarla por completo de tu realidad.

¿Por qué es necesario que seamos tan determinantes en cuanto a destruir nuestras cajas? Porque el salir de la caja sin destruirla crea un ambiente polarizante donde desarrollas lo que llamo "comportamiento contrario" a la caja de la cual supiste ser parte. Se desarrolla una actitud "contra" algo de lo cual antes formabas parte. Te presentas como una "alternativa" al mundo que tanto trabajaste para dejar. Esto no produce libertad. De hecho, te mantiene cautivo de la caja. Puede que estés fuera de la caja, pero sigues siendo influenciado por su presencia. Tal vez ya no estés adentro, pero sigues utilizando ese mundo del cual formabas parte, como una alternativa.

Entiendo que lo que estoy desarrollando es profundo. Leamos un ejemplo en las Escrituras que me permitirá expresar más claramente el concepto:

> *"Estando Josué cerca de Jericó, alzó sus ojos y vio un varón que estaba delante de él, el cual tenía una espada desenvainada en su mano. Y Josué, yendo hacia él, le dijo: ¿Eres de los nuestros, o de nuestros enemigos?*
>
> *El respondió: No; mas como Príncipe del ejército de Jehová he venido ahora. Entonces Josué, postrándose sobre su rostro en tierra, le adoró; y le dijo: ¿Qué dice mi Señor a su siervo?" (Josué 5:13-14).*

Josué acababa de asumir el liderazgo de su predecesor, Moisés, quien permaneció del otro lado del Jordán. Moisés ya había fallecido y Josué fue escogido para guiar al pueblo de Dios hacia la Tierra Prometida. No era nada fácil. Recuerda que, cuarenta años antes, Josué había formado parte de los 12 espías que habían explorado la tierra. Fueron él y su amigo Caleb quienes, más allá de los gigantes que había en la tierra, sugirieron que, con Dios, podrían conquistar Canaán. Sin embargo, el pueblo dio mayor importancia a las sugerencias de los otros 10. Dios envió a toda la nación de regreso al desierto por cuarenta años por haber escogido no creer la promesa de Dios acerca de la tierra prometida.

Cuatro décadas más tarde, Josué y Caleb estaban de regreso. Fueron los únicos supervivientes de su generación. La tierra que les había sido prometida, finalmente estaba a su alcance. Sólo había un detalle que había que resolver. El detalle era Jericó.

Jericó era una ciudad fortificada que estaba justo del otro lado del río Jordán. Era la primera de las ciudades que Israel debía conquistar si quería poseer la tierra que Dios le había prometido. No era una tarea sencilla teniendo en cuenta las murallas y la fortaleza mostrada por la ciudad. Jericó tenía una reputación. Jericó no era una ciudad fácil de tomar.

Una mañana, Josué estaba sobre la montaña, al lado de la ciudad, orando al Señor acerca de esta tarea casi imposible que tenía por delante. Un varón con una espada desenvainada se le acercó. Josué se dirigió a él y le hizo una pregunta que nos revela algo profundo acerca de Josué.

"¿Eres de los nuestros o de nuestros enemigos?" preguntó Josué.

Piensa en esto por un momento. Este era el poderoso Josué. Había sobrevivido cuarenta años en el desierto. Vio cómo, uno por uno, sus pares murieron con el correr de los años. Sin embargo, él sobrevivió. Dios tenía un plan para él. Había una promesa de que, un día, Josué tomaría la tierra que Dios les había prometido.

Pero, el hecho de que Dios tuviera un plan para Josué, no lo eximía de tener una mentalidad incorrecta. El hecho de haber recibido la promesa de conquistar Canaán no implica que su forma de pensar no estuviera afectada por las cajas.

Las cajas limitan tus opciones

La pregunta de Josué nacía de una mentalidad polarizada que sólo permitía dos opciones. ¿Eres de los nuestros, o de nuestros enemigos? No podía pensar más allá de esas dos opciones. Desde su posición, todo el abanico de posibilidades se veía reducido a esas dos cajas.

La mentalidad de Josué estaba gobernada por esas dos cajas y no quedaba espacio para una tercera, cuarta o quinta opción. ¿Será que las cajas que Josué había creado eran totalmente irrelevantes desde el punto de vista de Dios?

Las pequeñas verdades que nos fabricamos para nosotros mismos, nos impiden pensar más grande y más profundamente.

Yo creo que sí. Donde Josué (o tú y yo) tiende a pensar dentro de un número limitado de posibilidades, Dios siempre piensa más grande. En Su mente, las pequeñas verdades que nos fabricamos para nosotros mismos, nos impiden pensar más grande y más profundamente.

En el caso de Josué, la respuesta de Dios fue profunda. Su respuesta ante la pregunta de si era de los *suyos* o de sus *enemigos,* la respuesta fue "no".

El hombre que había sido enviado por Dios, el comandante del Ejército del Señor, destruyó por completo el paradigma de Josué con su respuesta, mostrando la irrelevancia de la pregunta. Si no destruimos, por completo, la caja de nuestra manera de pensar, corremos el riesgo de suponer, como lo hizo Josué. El riesgo es suponer que hay dos opciones y que son opuestas.

La verdadera libertad se alcanza cuando eres capaz de eliminar esa mentalidad polarizante. No se trata de lo uno o lo otro. Así como el hombre reveló a Josué lo ridículo de su pregunta al contestar "ninguno", debemos alcanzar una posición donde el mundo del cual éramos parte, ya no exista en nuestra manera de pensar.

Sé que lo que planteo es profundo, y es mi oración que, de alguna manera, esté logrando comunicar, de manera efectiva, la profundidad de esta verdad liberadora. Antes de continuar, te presento otro ejemplo:

Lo cierto es que todos tenemos que luchar contra algo que pretende mantenernos en una situación donde debemos escoger entre dos opciones opuestas.

Es parte de nuestra naturaleza. Es el resultado de la naturaleza caída del ser humano. ¿Recuerdas dónde comenzó todo esto? Leámoslo:

"Y le dio este mandato: 'Puedes comer de todos los árboles del jardín, pero del árbol del conocimiento del bien y del mal no deberás comer. El día que de él comas, ciertamente morirás'." (Génesis 2:16-17, NVI).

Dios ubicó al hombre en el jardín en medio de miles de árboles. Le ordenó que comieran de cualquier árbol excepto de uno. Era el árbol que les daría el conocimiento de dos opciones antagónicas: el bien y el mal.

Antes de comer ese fruto, no tenían conocimiento del bien y el mal. Simplemente conocían algo mucho más profundo y beneficioso. ¡Lo único que conocían era la vida!

"En medio del jardín hizo crecer el árbol de la vida y también el árbol del conocimiento del bien y del mal" (Génesis 2:9, NVI).

El bien y el mal reemplazaron a la vida en el momento en que Adán y Eva escogieron comer de ese árbol. De repente, comenzaron a pensar en esas dos cajas, en lugar de tener una forma de pensar más elevada, arraigada en la vida.

La religión succiona la vida de cualquier situación y la reemplaza con algo que produce muerte.

Dios había dicho que el conocimiento del bien y el mal produciría muerte, y así fue. De hecho, esa consecuencia sigue vigente hoy. Nuestro instinto, por defecto, es analizar todo lo que nos rodea y separarlo en dos categorías. En lugar de preguntarnos qué traería vida a una situación, tendemos a poner todo en una de las siguientes cajas: el bien o el mal.

Aparentemente, es posible tener conocimiento de lo que es bueno y aun así producir muerte. Eso es lo que hace la religión. Succiona la vida de cualquier situación y la reemplaza con algo que produce muerte. Es por eso que debemos destruir las cajas que hemos creado en nuestras mentes y permitir que Dios las reemplace con un "árbol de vida" que nos pondrá en una situación que nos permitirá ver mucho más allá y producirá vida. Incluso cuando tratemos con gente que puede, todavía, ser parte del paradigma que hemos dejado atrás, en lugar de antagonizar con ellos con "la alternativa opuesta", podemos abordarlos desde un nivel superior, permitiendo que fluya vida a través nuestro, sin agregar una sensación de condenación. Debemos destruir la caja y eliminarla completamente de nuestra manera de pensar.

A Dios le encanta destruir las cosas que nos impiden experimentar la vida abundante que Él tiene para nosotros.

Ya sé lo que estás pensando. "Destruir" suena demasiado agresivo. Es muy radical. Implica que no hay vuelta atrás –lo cual es, precisamente, otro motivo por el cual debemos destruir la caja–. Mientras la caja permanezca cerca, existe la tentación de volver a entrar en ella de un solo salto.

A Dios le encanta destruir las cosas que nos impiden experimentar la vida abundante que Él tiene para nosotros. De hecho, cada tanto Él llama a gente con el propósito específico de destruir cosas que impiden el avance de Su reino.

Veamos, por ejemplo, el destino profético de uno de los profetas del Antiguo Testamento, llamado Jeremías:

"*La palabra del Señor vino a mí: 'Antes de formarte en el vientre, ya te había elegido; antes de que nacieras, ya te había apartado; te había nombrado profeta para las naciones'. Yo le respondí: '¡Ah, Señor mi Dios! ¡Soy muy joven, y no sé hablar!' Pero el Señor me dijo: 'No digas: "Soy muy joven", porque vas a ir adondequiera que yo te envíe, y vas a decir todo lo que yo te ordene. No le temas a nadie, que yo estoy contigo para librarte'. Lo afirma el Señor. Luego extendió el Señor la mano y, tocándome la boca, me dijo: 'He puesto en tu boca mis palabras. Mira, hoy te doy autoridad sobre naciones y reinos, para arrancar y derribar, para destruir y demoler, para construir y plantar'."* (Jeremías 1:4-10).

El propósito y el llamado del profeta Jeremías era, precisamente, destruir. Esto era algo que había sido determinado sobre su vida incluso antes de haber sido formado en el vientre de su madre. *¡Es sorprendente!* Dios efectivamente llamó a Jeremías, desde antes de su nacimiento, para que fuera un destructor.

Obviamente, había un propósito detrás de la destrucción que Jeremías debía causar, que era construir y plantar (v.10). Sin embargo, veamos el "balance" de las palabras que Dios utiliza para describir el llamado de Jeremías:

- Arrancar
- Derribar
- Destruir
- Demoler
- Construir
- Plantar

Jeremías recibió seis declaraciones proféticas que definirían su ministerio. Cuatro de ellas eran de carácter negativo y sólo dos eran positivas. Esto revela, por un lado, la prioridad, y por otro, la dificultad que representa eliminar y destruir lo negativo antes de poder llevar a cabo lo positivo. Dicho de otra manera, el don de Jeremías dedicaba el doble de tiempo a desmantelar lo negativo que a promover lo positivo.

No existe la "Destrucción parcial"

Lo mismo aplica en el contexto de lo que estamos estudiando en este capítulo. No tiene sentido "construir" y "plantar, si primero no destruimos las cajas y las maneras de pensar que tanto se han arraigado en nuestras vidas. Construir y plantar es fácil, siempre que hayas preparado la tierra anteriormente.

Recuerda que es posible que tú y yo, como parte del pueblo de Dios, construyamos, planifiquemos y nos esforcemos, y sólo estemos levantando pirámides. Debemos destruir y eliminar todas las cajas de nuestra mentalidad antes de llegar al paso 5 del proceso.

Ahora bien, antes de avanzar con el paso 5, permíteme hacer que la "destrucción" de nuestras realidades pasadas sea un poco más palpable. Para ello, utilizaré un par de historias bíblicas. La primera es parte de la vida del Rey David. Una noche cuando se recostó en su cama, recibió una inspiración de parte de Dios:

> "Aconteció que cuando ya el rey habitaba en su casa, después que Jehová le había dado reposo de todos sus enemigos en derredor, dijo el rey al profeta Natán: Mira ahora, yo habito en casa de cedro, y el arca de Dios está entre cortinas" (2 Samuel 7:1-2).

Es posible que tú y yo, como parte del pueblo de Dios, construyamos, planifiquemos y nos esforcemos, y sólo estemos levantando pirámides.

David tuvo la idea de construir un templo para Dios. Hasta ese momento, el Arca de Dios permanecía en una tienda llamada el Tabernáculo. Luego, en 1 Crónicas, vemos que David no sería quien construiría el templo porque tenía demasiada sangre en sus manos.

> "Mas Dios me dijo: 'Tú no edificarás casa a mi nombre, porque eres hombre de guerra, y has derramado mucha sangre'." (1 Crónicas 28:3).

Por ese motivo, fue su hijo Salomón quien construyó el templo:

> "En el año cuatrocientos ochenta después que los hijos de Israel salieron de Egipto, el cuarto año del principio del reino de Salomón sobre Israel, en el mes de Zif, que es el mes segundo, comenzó él a edificar la casa de Jehová" (1 Reyes 6:1).

Al rey Salomón le tomó mucho tiempo completar el templo. Imagínatelo: sangre, sudor, lágrimas, además de todo el oro y la plata necesarios para la edificación. Era todo un desafío. No era un "proyectito de relleno" que decidió hacer para pasar el tiempo. Había un profundo involucramiento emocional y financiero, necesarios para completar la tarea.

Luego, tras años de construir el templo, finalmente se terminó y el Arca del Pacto fue traída al lugar santísimo dentro del templo:

"Acabada toda la obra que hizo Salomón para la casa de Jehová, metió Salomón las cosas que David su padre había dedicado; y puso la plata, y el oro, y todos los utensilios, en los tesoros de la casa de Dios. Entonces Salomón reunió en Jerusalén a los ancianos de Israel y a todos los príncipes de las tribus, los jefes de las familias de los hijos de Israel, para que trajesen el arca del pacto de Jehová de la ciudad de David, que es Sion.

Y se congregaron con el rey todos los varones de Israel, para la fiesta solemne del mes séptimo. Vinieron, pues, todos los ancianos de Israel, y los levitas tomaron el arca; y llevaron el arca, y el tabernáculo de reunión, y todos los utensilios del santuario que estaban en el tabernáculo; los sacerdotes y los levitas los llevaron. Y el rey Salomón, y toda la congregación de Israel que se había reunido con él delante del arca, sacrificaron ovejas y bueyes, que por ser tantos no se pudieron contar ni numerar.

Y los sacerdotes metieron el arca del pacto de Jehová en su lugar, en el santuario de la casa, en el lugar santísimo, bajo las alas de los querubines; pues los querubines extendían las alas sobre el lugar del arca, y los querubines cubrían por encima así el arca como sus barras. E hicieron salir las barras, de modo que se viesen las cabezas de las barras del arca delante del lugar santísimo, mas no se veían desde fuera; y allí están hasta hoy. En el arca no había más que las dos tablas que Moisés había puesto en Horeb, con las cuales Jehová había hecho pacto con los hijos de Israel, cuando salieron de Egipto.

Y cuando los sacerdotes salieron del santuario (porque todos los sacerdotes que se hallaron habían sido santificados, y no guardaban sus turnos; y los levitas cantores, todos los de Asaf, los de Hemán y los de Jedutún, juntamente con sus hijos y sus hermanos, vestidos de lino fino, estaban con címbalos y salterios y arpas al oriente del altar; y con ellos ciento veinte sacerdotes que tocaban trompetas), cuando sonaban, pues, las trompetas, y cantaban todos a una, para alabar y dar gracias a Jehová, y a medida que alzaban la voz con trompetas y címbalos y otros instrumentos de música, y alababan a Jehová, diciendo: Porque él es bueno, porque su misericordia es para siempre; entonces la casa se llenó de una nube, la casa de Jehová. Y no podían los sacerdotes estar allí para ministrar, por causa de la nube; porque la gloria de Jehová había llenado la casa de Dios" (2 Crónicas 5:1-14).

¡Asombroso! ¡Qué historia! Yo diría que el proyecto de Salomón fue un caso de éxito. Muy impresionante. Tomó su tiempo para completarse y tuvo un costo en términos de esfuerzo y de dinero, pero valió la pena. De hecho, cuando terminaron el templo y trajeron el Arca al interior, Dios mismo se hizo presente en forma de nube. ¿Te lo puedes imaginar? Ninguno de los sacerdotes pudo ministrar porque la gloria de Dios había llenado el templo.

Su reino siempre crece. Él quiere que tú y yo seamos sus colaboradores.

Pero no terminó allí. Ese era sólo el principio. El templo completo no sólo era un caso de éxito, sino que se convertiría en el centro de la actividad religiosa de la nación de Israel durante siglos. Durante casi 1000 años, el templo fue el principal lugar de actividad espiritual en la nación de Israel. Varias veces al año, todos viajaban a Jerusalén a participar de las fiestas que tenían lugar alrededor del templo. Si alguien había pecado, podía llevar un animal al sacrificio para ser perdonado. Toda la actividad espiritual del pueblo de Dios parecía estar centrada alrededor del templo.

¿Cómo fue que comenzó todo esto? Con la inspiración divina recibida por el Rey David y ejecutada por su hijo, el Rey Salomón. ¿Quién inspiró todo esto? ¡Dios lo hizo!

Estar dispuesto a soltar

Con esta imagen en la mente, avancemos 1000 años en la historia. El mismo Dios que inspiró a David con el diseño del templo, inspiró a alguien más. Dios inspiró a Jesús, a quien envió para llevar a su gente mucho más allá de lo que su experiencia les permitía.

Jesús llegó un día a ese mismo templo y miró a su alrededor. El mismo Dios que inspiró la construcción del templo, y puso su mano en ese lugar durante siglos, inspiró a Jesús para hacer la siguiente declaración que resultó sumamente ofensiva para los religiosos de la época:

"Jesús dijo: 'Yo derribaré este templo hecho a mano, y en tres días edificaré otro hecho sin mano'." (Marcos 14:58).

¡Qué contradicción! Por lo menos, así puede parecer a quienes sólo pueden pensar dentro de la caja. Aparentemente, Dios puede inspirar a alguien a hacer algo en un determinado momento, algo que resulte de bendición para muchos, pero luego inspirar a alguien más a destruir eso mismo. ¡Qué extraño! ¿Verdad?

Aquí estaba Jesús, siendo enviado por Dios a destruir lo que anteriormente había inspirado a David para que construyera. Este tipo de situaciones son difíciles de procesar. El motivo es que tendemos a pensar en cajas. Tenemos la tendencia a establecer un paradigma acerca de algo y perpetuarlo por la eternidad. Sin embargo, Dios nos quiere llevar de gloria en gloria y de victoria en victoria. No quiere que nos quedemos donde estábamos ayer. Él quiere que avancemos. Quiere hacer crecer nuestras vidas, nuestro ministerio y Su reino.

De hecho, Él quiere utilizarnos a ti y a mí para lograrlo. Su reino siempre crece. Él quiere que tú y yo seamos sus colaboradores. El crecimiento de Su reino en la tierra no puede detenerse. El crecimiento de su reino no puede demorarse: *"Lo dilatado de su imperio y la paz no tendrán límite, sobre el trono de David y sobre su reino, disponiéndolo y confirmándolo en juicio y en justicia desde ahora y para siempre"* (Isaías 9:7).

Pero tenemos que tener una mentalidad abierta para que Jesús se pueda hacer presente para destruir las cosas que creíamos que eran eternas. ¿Es posible que Dios se esté manifestando en nuestras iglesias, vidas y ministerios para destruir aquello que hemos construido con tanto esfuerzo, simplemente para crear nuevas posibilidades y mejores oportunidades, que van más allá de nuestra situación actual?

¡Yo creo que sí! Parece que ya lo ha hecho anteriormente.

Debemos entender una cosa. Jesús no destruye sin un propósito. Destruye para que podamos reconstruir. Recuerda que Jesús dijo: "en tres días edificaré otro templo". Se refería a un templo constituido por piedras vivas que llevarían su plan para la creación al siguiente nivel.

> Jesús no destruye sin un propósito. Destruye para que podamos reconstruir.

Lo único que hacía falta para que esto ocurriera era establecer que el paradigma del "servicio del templo", al cual habían estado acostumbrados por tanto tiempo, había perdido validez. Jesús tuvo que "destruir" la caja antes de crear algo nuevo.

Sólo para mostrar cuán profundo es todo eso, veamos, en el libro de los Hechos, las últimas palabras de Jesús en la Tierra, antes de ir al Padre.

"Pero recibiréis poder, cuando haya venido sobre vosotros el Espíritu Santo, y me seréis testigos en Jerusalén, en toda Judea, en Samaria, y hasta lo último de la tierra" (Hechos 1:8).

Recuerda que estas fueron las últimas palabras que Jesús dijo. Es decir, si había algún momento relevante para prestar atención a lo que Jesús decía, era éste. Después de esto, no se escucharían más palabras de Jesús. Esto era todo. Su discurso final antes del "Adiós". No era sólo una conversación más. Era su discurso final. Si yo hubiera estado allí, seguramente hubiera estado tomando notas.

Recuerda que Jesús había dejado en claro que el templo de Jerusalén estaba destruido, refiriéndose a que, para Dios, eso ya había quedado en el pasado. Ya había pasado. Tal vez todavía no estaba físicamente destruido, pero el poder ya no residía allí. Eso ocurrió en el preciso momento en que Juan el Bautista declaró que Jesús era el Cordero de Dios, cuando lo vio llegar al río Jordán para que Juan lo bautizara: *"El siguiente día vio Juan a Jesús que venía a él, y dijo: He aquí el Cordero de Dios, que quita el pecado del mundo"* (Juan 1:29).

Por siglos, los corderos habían sido sacrificados en el templo para representar la redención y el perdón de los pecados. Este sistema funcionó durante muchos años, y era el sistema que Dios mismo había creado, pero, cuando Jesús apareció y Juan proféticamente declaró que Jesús era ahora el Cordero de Dios, de repente, el poder había sido oficialmente retirado del templo y depositado en Cristo.

Todos los discípulos participaron de esta experiencia. Sabían quién era Jesús y a lo que había venido. Sabían lo que significaba el templo. Y ahora el poder del templo oficialmente no estaba más. De repente, vivían en un nuevo paradigma. ¿Sí o no?

Es decir, el mandato que Jesús dio, durante su último discurso, fue muy claro: "lo último de la tierra". No se suponía que se quedaran en Jerusalén. Aunque era allí donde habían recibido su llamado y donde habían experimentado un gran éxito en lo espiritual, no podían quedarse allí. Debían ser testigos de Él mucho más allá de los muros de Jerusalén, Samaria y hasta lo último de la tierra.

No importa cómo escuches esas últimas palabras de Jesús en la Tierra. Sólo hay una interpretación posible. Tenían que ir a todo el mundo, alcanzar cada rincón de la tierra y ser testigos dondequiera que fueran.

Sin embargo, los paradigmas incorrectos son un hueso duro de roer. Una vez que has establecido una "caja" en tu manera de pensar, es muy difícil deshacerte de ella. Una cosa es entender que existe una caja y que hay un mundo más allá de esa realidad. Otra cosa es, efectivamente, destruir esa caja y erradicarla de tu vida cotidiana.

Una vez que has establecido una "caja" en tu manera de pensar, es muy difícil deshacerte de ella.

¿Cuántas interpretaciones posibles hay para las últimas palabras de Jesús? ¡No muchas! ¿De cuántas maneras puedes interpretar "lo último de la tierra"? Es bastante claro, ¿verdad?

El desafío, sin embargo, es el paradigma establecido en las mentes de los apóstoles. Si has vivido tanto tiempo con una "mentalidad de templo" que se ha arraigado en tu manera de pensar, será muy difícil avanzar siguiendo instrucciones que requieren que destruyas el paradigma anterior.

Lo mismo aplicaba para los discípulos. Si alguien debía saber qué era "lo correcto", eran ellos. Sin embargo, no lograron destruir la caja que los mantenía en el pasado. Esto es lo que ocurrió: *"Y Saulo consentía en su muerte. En aquel día hubo una gran persecución contra la iglesia que estaba en Jerusalén; y todos fueron esparcidos por las tierras de Judea y de Samaria, salvo los apóstoles"* (Hechos 8:1).

Si los apóstoles tuvieron dificultad para dejar atrás la caja de su pasado, ¿qué nos hace pensar que nosotros estamos exentos de sufrir el mismo engaño?

Esta parte de la escritura es muy interesante. Habla acerca de la persecución que se levantó contra la iglesia, lo cual ocasionó una gran dispersión de creyentes hacia las distintas regiones. Todos los cristianos fueron dispersados, *excepto* los apóstoles. Ellos permanecieron en Jerusalén. No sólo se quedaron en Jerusalén, sino que, además, escogieron reunirse todos los días en el mismo lugar. Adivina cuál. Exactamente. ¡El lugar que eligieron para reunirse a diario era, precisamente, el lugar que Jesús había venido a destruir!

"Y todos los días, en el templo y por las casas, no cesaban de enseñar y predicar a Jesucristo" (Hechos 5:42).

¿Puedes creerlo? No sólo permitieron que el antiguo paradigma les impidiera cumplir el mandato apostólico que Jesús les había dado, sino que además escogieron como punto principal de reunión, el mismo lugar que Jesús había venido a destruir.

Se reunían en el templo a diario. ¡Qué locura!

Si los apóstoles tuvieron dificultad para dejar atrás la caja de su pasado, ¿qué nos hace pensar que nosotros estamos exentos de sufrir el mismo engaño? ¡No lo estamos! Al igual que ellos, tenemos la tendencia a creer que las formas del pasado siguen siendo relevantes para el futuro, aun cuando el Señor nos da señales distintas al respecto.

Lo interesante acerca de la vida de los apóstoles de la iglesia primitiva es que fue necesaria la destrucción real del templo en el año 70 d.C. para, finalmente, impulsarlos a ir más allá de los muros de Jerusalén y alcanzar los rincones de la Tierra. Una vez que el templo fue verdaderamente destruido y desapareció de su entorno inmediato, ya no tenían opción. ¡Ya no existía el templo! Este hecho finalmente los impulsó a cumplir la instrucción que el Señor les había dado.

Seamos conscientes de esta dinámica para evitar cometer los mismos errores que ellos cometieron. Destruyamos las cajas de nuestro mundo que nos mantienen limitados en el pasado. Evitemos tener que llegar a medidas extremas y a la destrucción física, y permitamos que el Señor remueva cada caja de nuestra manera de pensar para que seamos libres para cumplir lo que nos ha mandado a hacer.

¡Destruyamos la caja! Cuando lo hagamos, estaremos listos para dar el próximo paso del proceso. No sólo estremecerá tu mundo, sino también el de quienes te rodean.

Preguntas para reflexionar

1. ¿Hay áreas de tu vida en las que sientas que te has estado alimentando del árbol equivocado? ¿En qué áreas sientes que has reemplazado el árbol de la vida con el árbol del conocimiento del bien y el mal? ¿Qué pasos prácticos puedes dar para cambiar eso?

2. ¿Qué mentalidad de templo te mantiene estancado en el pasado? ¿Qué mentalidad te está impidiendo cumplir tu verdadero mandato?

capítulo 9

Crea

HAS SIDO HECHO PARA MUCHO MÁS! Has sido creado y estás destinado a tener una vida abundante que Dios preparó para ti. Como ya hemos visto, hay un enemigo que trata de impedir que alcances el objetivo final que Dios ha preparado para ti. Su táctica es hacernos creer que la vida que vivimos actualmente es la vida abundante de la cual habla la Biblia. Su mejor arma es convencernos de que la vida que vivimos hoy es la que viviremos hasta el último de nuestros días. Esa es la mentira más peligrosa que podemos llegar a creer. Lo trágico es que muchos de nosotros hemos caído en esa trampa y hemos creído esa mentira.

A lo largo de los últimos cuatro capítulos, hemos estado desmantelando esta mentira. Hemos iniciado un proceso para que tu vida salga de la caja, comenzando por hacerte notar esta táctica del enemigo y mostrarte la abundancia que hay más allá de tu realidad actual. Vimos que, cuando te permites pensar más allá de lo que vives hoy, comenzarás a ver algunas de las cosas que Dios tiene preparadas para ti, y que antes no podías ver desde el lugar donde te encontrabas. Cuando vemos esto y tenemos el valor para creerlo, debemos actuar en consecuencia, dando un paso hacia los nuevos territorios que antes nos estaban velados –escondidos de nuestra realidad–.

Cuando salimos de la caja y abrazamos la visión y el sueño que Dios tiene para nuestras vidas, suceden cosas maravillosas. Sin embargo, a menos que destruyamos la caja de la cual una vez formábamos parte, nunca experimentaremos la plenitud de lo que está por ocurrir en el Paso 5.

Paso 5: Crea

El paso 5 se trata de crear algo. No de crear otra caja, sino algo que sólo pueda ser auténticamente definido por ti. Esta parte del proceso puede resultar solitaria porque tú y sólo tú puedes hacerlo.

¿Recuerdas cuando hablamos del espectro ilimitado de creatividad que Dios tiene y cómo tendemos a convertir eso en un conjunto limitado de modelos predeterminados a través de los cuales Él se puede manifestar? En otras palabras, tendemos a encasillarlo, a crear cajas de limitaciones a partir de las cuales "permitimos" que Dios se manifieste, y a eso le llamamos "ministerio".

Sin embargo, la Biblia nos enseña:

"A mí, que soy menos que el más pequeño de todos los santos, me fue dada esta gracia de anunciar entre los gentiles el evangelio de las inescrutables riquezas de Cristo, y de aclarar a todos cuál sea la dispensación del misterio escondido desde los siglos en Dios, que creó todas las cosas; para que la multiforme sabiduría de Dios sea ahora dada a conocer por medio de la iglesia a los principados y potestades en los lugares celestiales, conforme al propósito eterno que hizo en Cristo Jesús nuestro Señor" (Efesios 3:8-11).

La expresión creativa de Dios tiene tantas caras que sería imposible para un hombre determinar los parámetros que la contengan.

No habla de una sabiduría en "singular", sino de que la sabiduría es "multiforme". La expresión creativa de Dios tiene tantas caras que sería imposible para un hombre determinar los parámetros que la contengan. De hecho, como seres humanos a nivel colectivo, nunca seríamos capaces de determinar los límites del potencial de la expresión creativa de Dios, porque Él hace más de lo que podemos pensar o imaginar.

En nuestras formas de pensar "encasilladas" tendemos a crear modelos de ministerio que permiten a Dios obrar a través nuestro dentro de un conjunto de reglas limitado que hemos creado. Esos modelos y parámetros de ministerio que hemos creado pueden representar sólo un mínimo del espectro posible dentro de la realidad de Dios.

Sin embargo, cuando vemos nuestras iglesias, ministerios, proyectos y eventos, todos se ven muy similares.

Sin embargo, cuando vemos nuestras iglesias, ministerios, proyectos y eventos, todos se ven muy similares. ¿Por qué? Es porque tendemos a caer en el engaño que nos impide ver la multiforme sabiduría de Dios.

La uniformidad no es una virtud. El diablo quiere que creas eso, pero no es cierto. Puede aparentar ser algo de Dios, pero en realidad niega Su poder. Yo descubrí esa verdad hace varios años cuando estaba enseñando en un Instituto Bíblico en Aruba, una pequeña isla del Caribe, a unas cuarenta millas de la costa de Venezuela.

Estaba enseñando acerca de algunos de los temas que comparto en este libro, y explicando cómo muchas de nuestras experiencias cotidianas, están determinadas por nuestros paradigmas limitados acerca de quién es Dios y cómo desea Él que nos comportemos. Enseñé acerca de esto durante cinco días. En esos días, la iglesia de la isla había organizado una Marcha para Jesús a través de las principales calles de la isla. Aruba es muy pequeña y tiene alrededor de 110.000 habitantes, y sólo una ciudad importante donde viven casi todos los habitantes de la isla. La isla mide unas siete millas de ancho y unas tres o cuatro millas de largo. Las iglesias habían decidido, en conjunto, que sería una gran idea y una demostración de unidad, marchar por la ciudad con pancartas y cantando canciones acerca de Jesús.

Recuerdo estar de pie al costado de la calle viendo a cientos de personas marchar por las calles. Todos tenían camisetas rojas, cantaban las mismas canciones, marchaban al mismo ritmo y sonreían de la misma manera. Supongo que su objetivo era mostrar el amor de Jesús a través de este esfuerzo, con la esperanza de que la gente fuera atraída por este despliegue de "alegría y gozo".

¡Dios no está buscando uniformidad! Él busca diversidad.

No tengo la menor duda de que los participantes estaban marchando con corazones puros y una motivación correcta. Verdaderamente lo creo. Sin embargo, al ver a la multitud marchar, sentía que algo estaba muy mal. Se veía tan forzado. Parecía falso. Parecía que le faltaba autenticidad. Su conducta impostada de caminar, cantar y sonreír de una determinada manera parecía tener, en los transeúntes, el efecto contrario al buscado.

Quien pasaba por allí, no se veía atraído para nada por el comportamiento de quienes marchaban. De hecho, pude ver como varios volteaban la mirada tratando de evitar que alguien del grupo que marchaba le ofreciera uno de los globos que estaban repartiendo.

La forma del Reino: volvernos expresiones únicas y auténticas

De repente lo entendí. ¡Dios no está buscando uniformidad! Él busca diversidad. Él está buscando una expresión única de su multiforme sabiduría en cada individuo. En lugar de tratar que todos hagamos lo mismo, Él quiere que cada uno comience a hacer algo distinto.

Esto realmente me abrió los ojos. Durante mucho tiempo, se me enseñó que la verdadera unidad se alcanzaba a través de la uniformidad. Sin embargo, en ese momento comencé a ver la diferencia entre los dos conceptos y me di cuenta de que, en realidad, ocurre todo lo contrario. La verdadera unidad no se logra a través de la uniformidad; si no a través de la diversidad.

La Biblia nos dice lo siguiente:

"Como valientes correrán, como hombres de guerra subirán el muro; cada cual marchará por su camino, y no torcerá su rumbo.

Ninguno estrechará a su compañero, cada uno irá por su carrera; y aun cayendo sobre la espada no se herirán.

Irán por la ciudad, correrán por el muro, subirán por las casas, entrarán por las ventanas a manera de ladrones.

Delante de él temblará la tierra, se estremecerán los cielos; el sol y la luna se oscurecerán, y las estrellas retraerán su resplandor.

Y Jehová dará su orden delante de su ejército; porque muy grande es su campamento; fuerte es el que ejecuta su orden" (Joel 2:7-11).

La unidad no se crea con la uniformidad. De hecho, la uniformidad crea un ambiente de competencia donde todos competimos por lo mismo.

Esta escritura describe cómo debe ser el ejército de Dios. Los miembros de este ejército no rompen filas. Cada uno marcha encolumnado. Nadie empuja a nadie.

En otras palabras, cada uno continúa por su propio carril, llevando a cabo su propia idea única, sin competir con otro por el mismo espacio. Y al hacer esto es que son uno. La unidad es el resultado de que cada individuo encuentre su propio lugar único dentro del ejército. No hay rangos iguales. No hay posiciones iguales. Todo está diseñado de manera única para que cada individuo pueda marchar. Y al marchar en ese lugar único y auténtico, nos volvemos uno.

La unidad no se crea con la uniformidad. De hecho, la uniformidad crea un ambiente de competencia donde todos competimos por lo mismo. Cuando me doy cuenta de que lo que yo puedo aportar es único, no siento la necesidad de tratar de convertirme en alguien (o algo) más.

Este capítulo se enfoca en encontrar tu lugar. Esta fase en el proceso de salir de la caja tiene que ver con encontrar tu carril. Si el objetivo es la uniformidad, lucharé para convertirme en el mejor yo uniforme que puedo ser. Es como un ejército de soldados que se ven todos iguales, pero uno puede tener zapatos más brillantes. Uno puede tener la camisa mejor planchada o menos manchas en el uniforme. Puede haber diferencias marginales, pero no hay nada que nos haga únicos en ese escenario.

La clave es dar a luz aquello para lo cual Dios te creó. Hay algo tan único que no existe un punto de referencia en ningún lugar. Nadie nunca ha dado a luz aquello que se supone que tú des a luz a través de tu vida.

Esto es algo que, en general, no es promovido en nuestras iglesias. Bueno, tal vez en la teoría sí sea promovido, pero no en la práctica. Solemos operar en odres, estructuras y modelos de liderazgo que no generan un ámbito propicio para que esto ocurra.

Deberíamos tener un lienzo en blanco antes de comenzar a pintar.

Es por eso que necesitamos remover "la caja" primero. La caja determina el ámbito en el cual este proceso debe ocurrir de manera contenida. No puede ofrecer una estructura que lo haga ocurrir.

Deberíamos tener un lienzo en blanco antes de comenzar a pintar. Es por eso que hemos recorrido el proceso de salir de la caja como lo hicimos. Ahora que nuestro lienzo está totalmente en blanco, podemos comenzar a crear.

¡Aquí vamos!

Hay una historia muy interesante en la Biblia que habla acerca de una conversación entre Pedro y Jesús. Está en el capítulo 16 del libro de Mateo. Leámoslo:

"Viniendo Jesús a la región de Cesarea de Filipo, preguntó a sus discípulos, diciendo: ¿Quién dicen los hombres que es el Hijo del Hombre? Ellos dijeron: Unos, Juan el Bautista; otros, Elías; y otros, Jeremías, o alguno de los profetas. Él les dijo: Y vosotros, ¿quién decís que soy yo? Respondiendo Simón Pedro, dijo: Tú eres el Cristo, el Hijo del Dios viviente. Entonces le respondió Jesús: Bienaventurado eres, Simón, hijo de Jonás, porque no te lo reveló carne ni sangre, sino mi Padre que está en los cielos. Y yo también te digo, que tú eres Pedro, y sobre esta roca edificaré mi iglesia; y las puertas del Hades no prevalecerán contra ella" (Mateo 16:13-18).

Yo había escuchado esta historia muchas veces. Me parecía una historia interesante, pero, después de escucharla tantas veces, comencé a aburrirme de ella. ¿Cuántas veces puedes escuchar el mismo sermón sin aburrirte?

Mi aburrimiento se acabó cuando recibí una revelación de esta porción de la escritura que nunca había visto. De hecho, revolucionó, para siempre, mi forma de ver las cosas. Parafrasearé la historia un poco mientras la analizamos. Un día, Jesús está sentado con Pedro y están conversando. Jesús le pregunta:

"Oye, Pedro. Dime: ¿Qué se cuenta en la calle?"

Pedro contestó: "¿A qué te refieres, Señor?"

Jesús: "¿Quién dice la gente que soy? Cuéntame qué historias se cuentan de mí".

Pedro: "Bueno, en realidad se dicen muchas cosas acerca de ti, Señor. Algunos dicen que eres Juan el Bautista que resucitó de los muertos. Otros dicen que eres Elías o uno de los profetas. No puedo darte una sola respuesta porque hay muchas historias de distintas personas expresando distintas opiniones acerca de ti".

La pregunta de Jesús y la respuesta de Pedro representan lo que yo llamo un primer nivel de entendimiento (o revelación) que todos tenemos en algún momento de nuestro caminar con Cristo. No tiene nada de malo. De hecho, hay un tiempo en tu caminar con Dios en que simplemente crees lo que otros te cuentan acerca de Jesús. Cuando recién comienzas a creer en Jesús, simplemente crees lo que el pastor te dice acerca de Él. No tiene nada de malo. Es allí donde comienza todo. Tomamos las opiniones y convicciones de otros y las hacemos propias, basándonos en lo que otros nos dicen acerca de Jesús. No es por una revelación propia que tenemos, sino que nos apropiamos de las convicciones de otros.

Es algo saludable obtener este primer nivel de revelación. Todos lo tendrán en algún momento. Sin embargo, se convierte en un problema cuando nos quedamos estancados en este nivel, porque hay un nivel mayor de revelación que debemos alcanzar en nuestro caminar con el Señor. Veamos el segundo nivel de revelación.

Jesús: "Bueno, Pedro, ahora que sabes lo que dicen los demás, permíteme hacerte otra pregunta: ¿Quién dices tú que soy yo?".

De repente, la pregunta se volvió mucho más personal. Ya no importaba lo que los demás le habían dicho a Pedro. Ahora dependía de él conectarse a un nivel mayor de entendimiento para contestar la pregunta. Pedro contestó:

Pedro: "¡Tú, Señor, eres el Cristo! ¡Eres el Hijo del Dios viviente!".

Jesús: "¡Vaya, Pedro! Estoy impresionado. Esta información no la obtuviste de la calle. Esto no es algo que alguien te haya contado. Esto es revelación pura que viene del Padre. Él mismo te lo debe haber revelado porque esta información no es de público conocimiento".

Recuerda que, cuando Pedro contestó esta pregunta, no era de público conocimiento que Jesús era el Hijo de Dios. En ese momento, nadie sabía realmente quién era Jesús. En otras palabras, la respuesta de Pedro a la pregunta de Jesús fue resultado de una experiencia sobrenatural con el Padre. Pedro había recibido revelación de parte de Dios mismo, mostrándole que Jesús era el Cristo, el Hijo del Dios viviente.

Impresionante, ¿verdad? Pedro escuchó de Dios mismo quién era Jesús. Este era un nivel de entendimiento y revelación mucho más profundo que lo que se escucha en las calles. Era algo sobrenatural. Era algo personal. Era algo que lo cambiaba todo para Pedro.

Cuando Cristo nos es revelado a nivel personal, esa revelación se vuelve más real que cualquier circunstancia o realidad a nuestro alrededor. Cuando la información se convierte en revelación sobrenatural, esa realidad sobrepasa todo lo que te rodea y te permite comenzar, verdaderamente, tu caminar con Dios.

Y eso es exactamente lo que ocurre. Es allí cuando *comienzas* a caminar con Dios. Este nivel *no puede* ser un objetivo final. Es meramente el punto de partida que te pondrá en el camino hacia el tercer nivel de revelación del que nadie parece hablar.

> Cuando Cristo nos es revelado a nivel personal, esa revelación se vuelve más real que cualquier circunstancia o realidad a nuestro alrededor.

Muchas veces, la cultura de nuestra iglesia está orientada a lograr que la gente alcance este segundo nivel de revelación. Como líderes, tendemos a ponernos como meta que cada individuo alcance una revelación sobrenatural de Jesús. En cierta forma, hemos llegado a creer que, una vez que la gente llega a este nivel, hemos cumplido el objetivo.

¡Pero eso no es cierto! ¡En absoluto!

Creo, sinceramente, que al hacer que este segundo nivel de revelación sea nuestro objetivo primordial, distraemos a la iglesia de poder llegar a ser verdaderamente victoriosa. ¿Por qué? Porque en este nivel todos somos iguales. Si bien este nivel es necesario, si permanecemos en él durante demasiado tiempo, se convierte en caldo de cultivo para la uniformidad.

No me malinterpretes. Todos debemos tener este segundo nivel de revelación. En algún momento, todos debemos avanzar de ser guiados por las opiniones de los demás a basarnos en la convicción de una revelación personal.

Sin embargo, si hacemos de este tipo de revelación nuestro objetivo final, acabamos encontrando a todo el mundo en la misma posición. Todos nos volvemos iguales en nuestro entendimiento acerca de quién es Jesús. No hay nada malo en ello; simplemente no debemos quedarnos allí.

Es un lugar de uniformidad donde todos los que llegan a ese lugar ven lo mismo. Es una revelación universal que nos califica para algo mucho mayor. Es la plataforma para obtener un tercer nivel de revelación del cual nadie parece estar hablando en nuestras iglesias. ¡Un nivel de revelación que nos hace realmente únicos!

La conversación que Jesús tuvo con Pedro cambió el enfoque de Jesús a Pedro. Los primeros dos niveles tenían que ver con Jesús; sin embargo, había un tercer nivel de revelación que Jesús quería que Pedro captara y que no tenía nada que ver con Jesús. Tenía todo que ver con Pedro.

Cuando Pedro estaba listo para recibirlo, Jesús se volteó hacia él y le dijo:

"Pedro, ahora que sabes lo que otros están diciendo acerca de mí, y sabes también, por revelación, quién soy yo, es tiempo de que entiendas algo más. ¡Permíteme decirte quién eres tú! Tú eres Pedro y sobre esta roca edificaré Mi iglesia, y las puertas del Hades no prevalecerán contra ella".

En algún momento, todos debemos avanzar de ser guiados por las opiniones de los demás a basarnos en la convicción de una revelación personal.

Impresionante. Por primera vez en su vida, Pedro tuvo una revelación acerca de quién se suponía que él fuera, al escuchar las palabras de Jesús que marcaban su destino y su propósito personal. Jesús declaró aquella cosa que hacía que Pedro fuera único. Lo llamó Pedro (Roca) y con esas palabras soltó una revelación del destino profético que había sobre su vida.

Este es un tercer nivel de revelación que todos debemos tener. Es este nivel de entendimiento el que nos hará más diversos. Nos hará únicos. Todos tenemos que escuchar las mismas palabras que Pedro escuchó aquél día. La diferencia es que esas palabras son únicas para cada individuo. En este nivel, donde nos es revelado quiénes somos a nivel personal, las palabras que oímos son únicas para nosotros.

> Cuando Pedro recibió la revelación de quién era él, las puertas del infierno ya no podían prevalecer.

Todos tenemos que llegar a ese punto donde Jesús se vuelva a nosotros y nos diga: "Ahora que sabes lo que otros dicen, y ahora que sabes quién soy yo, déjame decirte quién eres *tú*".

Ese tipo de revelación sobrenatural nos impulsará a nuestro propio destino profético, único, aquel que Dios tiene preparado para nosotros. De hecho, es este nivel de entendimiento que se convierte en el fundamento de la iglesia. El conocimiento de este propósito profético es la base sobre la cual la iglesia será edificada. Una iglesia victoriosa contra la cual las puertas del Hades no prevalecerán.

Si realmente queremos derribar las puertas del infierno, necesitamos alcanzar este grado de revelación. Es aquí donde comienza la acción. Es en este nivel donde se gana la batalla. Es aquí donde cada miembro del ejército de Dios encuentra su propio carril, posición y rango. El poder está en la diversidad; una diversidad que sólo se descubre en este tercer nivel.

Lo que veamos y descubramos en este nivel, no podrá ser contenido por ninguna caja de la cual hayamos sido parte. Para que se manifieste este nivel de revelación necesitamos un lienzo en blanco. Es necesario tener territorio sin desarrollar para poder desarrollarlo de una manera única, conforme a lo que nos sea revelado.

Recuerda el pasaje en el libro de Romanos que leímos al comienzo del libro: *"Porque el anhelo ardiente de la creación es el aguardar la manifestación de los hijos de Dios"* (Romanos 8:19).

Es cuando Jesús te muestra quién eres y te revela tu destino profético, que te manifiestas como hijo de Dios. Dicho de otra manera, si queremos que la creación deje de esperar, necesitamos alcanzar este tercer nivel de revelación. Cuando Pedro recibió la revelación de quién era él, las puertas del infierno ya no podían prevalecer.

Cuando escucho a Jesús decirme quién soy, soy posicionado en un lugar donde puedo, verdaderamente, comenzar a manifestarme como hijo de Dios. Me vuelvo parte de la respuesta que el mundo está esperando.

Este es el último paso del proceso de salir de la caja. En este paso ya no se trata de la caja. Se trata de crear algo totalmente nuevo. Es un lugar donde las cajas son irrelevantes. Un lugar donde podemos crear algo único que no pueda ser contenido por ninguna caja. Es algo único para ti y para aquello que Dios te llamó a ser.

- Es un lugar que sólo puede ser descubierto en un lugar sin cajas.
- Un lugar sin limitaciones.
- Un lugar sin supuestos predeterminados, límites ni reglas hechas por el hombre.
- Un lugar de enorme libertad para llegar a ser aquello para lo cual fuiste creado.

"Así que, si el Hijo os libertare, seréis verdaderamente libres" (Juan 8:36). La verdadera libertad para llegar a ser quien fuiste llamado a ser, se encuentra en este nivel. ¡Puedes ser verdaderamente libre!

Preguntas para reflexionar

1. ¿Hay áreas que el Señor te haya mostrado, a lo largo de este libro, que no eras capaz de ver antes? ¿Cuáles son esas áreas? ¿Qué pasos prácticos puedes dar para avanzar en esas áreas?

_____
_____
_____
_____
_____
_____
_____
_____
_____
_____
_____
_____
_____
_____
_____
_____
_____

Fuera de la caja

2. En este capítulo presento una enseñanza acerca de los tres niveles de revelación en la vida de Pedro. ¿Sientes que has alcanzado el tercer nivel de revelación? ¿Puedes explicar cuál es esta revelación para ti? ¿Qué pasos prácticos puedes tomar para comenzar a manifestar tu verdadera identidad con el propósito de transformar el mundo a tu alrededor?

capítulo 10

Las cajas matan los sueños

Las cajas matan los sueños. Las cajas sofocan la visión que Dios tiene para nuestras vidas. A menos que desmantelemos las cajas en nuestras vidas a través del proceso que vimos en el libro, no llegaremos a ser quienes debemos ser. Vale la pena embarcarte en este viaje hacia lo desconocido y descubrir lo que Dios tiene para ti.

Aunque sea un proceso solitario, no tienes por qué hacerlo solo. Todos estamos en esta misma búsqueda de descubrir quiénes somos. Aunque el resultado final es único para cada persona, podemos acompañarnos en el camino.

Vivimos en un mundo encasillado. La iglesia ha llegado a creer la mentira de que la forma en que hacemos las cosas es la forma en la que debemos hacerlas siempre. Sin embargo, como hemos visto a lo largo de las páginas de este libro, hay mucho más.

En este capítulo final, quisiera hablar acerca del sueño de Dios y de Su visión. Cuando recibimos Su visión y Su sueño para nosotros, nos volvemos imparables. Sin embargo, el sueño y la visión de Dios corren el riesgo de extinguirse en el ámbito religioso que, como líderes, creamos. Nos hemos acostumbrado demasiado a liderar de una determinada manera. Debemos desaprender muchas cosas para poder remover y destruir las cajas de las cuales nos hemos vuelto dependientes.

Debemos cambiar nuestro entorno para que permita que el sueño de Dios sea revelado y manifestado en medio nuestro. Cuando predico en congregaciones o hablo individualmente con personas, suelo preguntar: "¿Qué ocurre cuando Dios se hace presente en un lugar? ¿Qué ocurre cuando Su gloria se manifiesta?"

Cuando haces preguntas de ese tipo, recibes todo tipo de respuestas. Por ejemplo:
- ¡Cuando Dios se manifieste los ciegos verán!
- ¡Cuando Dios se manifieste los cojos caminarán!
- ¡Cuando Dios se manifieste la gente será salva!
- ¡Cuando Dios se manifieste, serán rotas las ataduras!
- ¡Cuando Dios se manifieste, aún los muertos serán resucitados!

Aunque todo eso es cierto, hay algo más profundo que ocurre cuando Dios se manifiesta.

"Y después de esto derramaré mi Espíritu sobre toda carne, y profetizarán vuestros hijos y vuestras hijas; vuestros ancianos soñarán sueños, y vuestros jóvenes verán visiones" (Joel 2:28).

El sueño y la visión de Dios corren el riesgo de extinguirse en el ámbito religioso que, como líderes, creamos.

Estoy seguro de que has escuchado este pasaje muchas veces. El peligro cuando escuchas algo tantas veces es que, a veces, te pierdes de ver lo más obvio. Veámoslo una vez más, pero con una mirada fresca.

En este pasaje, el profeta Joel habla acerca de un tiempo en que Dios derramará Su Espíritu sobre toda carne. Él quiere mostrarse a todos. Desea que Su espíritu sea derramado sobre cada individuo. Él quiere manifestarse en la vida de cada persona.

Luego, el profeta explica lo que ocurrirá cuando Él se manifieste –algo mucho más profundo que sordos que oyen y ciegos que ven–. Aún con todo lo poderoso e importante que son estos milagros, lo que Joel describe es mucho más poderoso.

¿Qué puede ser más poderoso?, te preguntarás.

Cuando Dios derrame Su espíritu, nuestros ancianos soñarán sueños y nuestros jóvenes verán visiones. Meditemos en eso por un momento. Ese anciano había perdido sus sueños hace mucho tiempo; había perdido la esperanza. Pero cuando Dios aparece en escena, el hombre recupera la esperanza y vuelve a soñar.

¡Impresionante!

Debemos desarrollar una cultura y un ambiente donde Dios pueda, simplemente, derramar Su Espíritu.

Ese joven nunca tuvo una visión para su vida. El mundo lo había despreciado y le había dicho que no era capaz de lograr nada. Pero cuando Dios derrama Su espíritu, el joven recibe una visión de parte de Dios. El sueño del anciano y la visión del joven manifestadas, revelarán a los hijos de Dios en la tierra para que la creación deje de esperar.

Como líderes, nuestra principal tarea es fomentar un ambiente, en la iglesia, donde este proceso pueda ocurrir. Debemos desarrollar una cultura y un ambiente donde Dios pueda, simplemente, derramar Su Espíritu. Un lugar donde pueda manifestarse, soltando sueños y visiones sobre toda carne.

Sólo entonces podremos experimentar lo que es una iglesia construida sobre un fundamento sólido, donde la palabra de Dios es hablada a todos y cada uno de los individuos para que ellos puedan recibir una revelación personal de lo que es su herencia. ¿No es poderoso? Mientras permitamos que nuestra mentalidad impida que este proceso ocurra, las puertas del infierno seguirán fortificadas.

La creación seguirá esperando.

Nosotros seguiremos insatisfechos.

Seguiremos ocupados, pero logrando poco.

Seguiremos impedidos de llegar a ser quienes se supone que seamos.

No nos podemos permitir esto. Por nuestro bien y por el de aquellos a quienes hemos sido llamados a afectar.

El sueño de Dios

Antes de cerrar mi mensaje, quiero compartirte algo más acerca del "sueño de Dios". El sueño de Dios es poderoso. Cuando se manifiesta en la Tierra, tiene la capacidad de dejar un impacto duradero en la creación. Sin embargo, mientras observemos el sueño de Dios desde una mentalidad "encasillada", nunca lo podremos realmente ver, y mucho menos vivirlo.

Cuando Dios te da un sueño, es probable que la gente a tu alrededor, especialmente los más cercanos a ti, no entiendan lo que estás viendo.

Veamos una historia de un hombre que tenía un sueño de parte de Dios:

"Y soñó José un sueño, y lo contó a sus hermanos; y ellos llegaron a aborrecerle más todavía. Y él les dijo: Oíd ahora este sueño que he soñado: He aquí que atábamos manojos en medio del campo, y he aquí que mi manojo se levantaba y estaba derecho, y que vuestros manojos estaban alrededor y se inclinaban al mío. Le respondieron sus hermanos: ¿Reinarás tú sobre nosotros, o señorearás sobre nosotros? Y le aborrecieron aun más a causa de sus sueños y sus palabras.

Soñó aun otro sueño, y lo contó a sus hermanos, diciendo: He aquí que he soñado otro sueño, y he aquí que el sol y la luna y once estrellas se inclinaban a mí. Y lo contó a su padre y a sus hermanos; y su padre le reprendió, y le dijo: ¿Qué sueño es este que soñaste? ¿Acaso vendremos yo y tu madre y tus hermanos a postrarnos en tierra ante ti? Y sus hermanos le tenían envidia, mas su padre meditaba en esto" (Génesis 37:5-11).

José tuvo dos sueños y los compartió con su familia. Tanto sus padres, como sus hermanos, escucharon lo que José contó, pero no les agradó mucho. Cuando

Dios te da un sueño, es probable que la gente a tu alrededor, especialmente los más cercanos a ti, no entiendan lo que estás viendo.

En ambos sueños, José describe un escenario donde sus hermanos y sus padres se inclinan ante él. En el primer sueño, ve un manojo de un campo que le pertenecía y otros manojos que pertenecían a sus hermanos. Los manojos de sus hermanos se inclinan ante el manojo de José.

Luego, José comparte su segundo sueño, en el cual once estrellas, el sol y la luna se inclinan ante José. Cuando compartió el sueño, se entendía que tanto su padre como su madre y sus hermanos, acabarían inclinándose delante de José. Esto profundizó la envidia y el odio de parte de sus hermanos.

En cierta forma, puedo entender la reacción. ¿En qué estaba pensando José? ¿Cómo va a decir, directamente, a su familia que él era más importante que ellos? ¿Qué se cruzó por su cabeza para pensar que todos ellos se inclinarían ante él?

Sin embargo, hay algo muy profundo que nos enseña esta historia. En toda la Biblia leemos historias de cómo Dios aparece para ayudar a la gente en distintas situaciones. Por ejemplo, ¿recuerdas cuando el comandante del ejército del Señor se apareció a Josué? Dice: *"Entonces Josué cayó rostro en tierra ante él con reverencia"* (Josué 5:14).

Cuando Dios se manifiesta hace que la gente caiga con su rostro en tierra. Su presencia exige una reverencia. Cuando Su presencia se manifiesta, automáticamente nos inclinamos ante Él. Vemos esto mismo a lo largo de toda la Biblia, desde Génesis hasta Apocalipsis.

Cuando Su presencia se manifiesta, automáticamente nos inclinamos ante Él.

Volvamos, entonces, a los sueños de Dios para nuestras vidas. Cuando Él nos da un sueño o cuando nos da una visión, algo profundo ocurre. Él comienza a manifestarse a través del sueño. Él hará notoria Su presencia a través del sueño y la visión.

¿Por qué? Porque el sueño y la visión nacieron en el corazón de Dios. Cuando abrazamos el sueño y la visión, y comenzamos a caminar en él, Él comenzará a manifestarse por medio de nuestras vidas. Y cuando Él se manifiesta, todo se inclina.

Ese es el poder del sueño de Dios. Exige que todo y todos se inclinen ante Él. Y eso es algo bueno. Porque el sueño es de Dios. Queremos que la gente encuentre a Dios a través de los sueños y la visión que Él nos ha dado.

En el caso de José había un problema. Él entendió este principio. Él sabía que había tenido un sueño de parte de Dios y que todo se inclinaría ante ese sueño. Sin embargo, sus hermanos no lo entendieron. Se llenaron de envidia y odio. No supieron separar el sueño de Dios de la persona de José.

Vivían en una caja o paradigma que les impedía ver lo que José vio desde un principio. No fueron capaces de ver que *ellos también* podían tener un sueño. Que ellos también tenían un destino profético. Por no poder ver eso, despreciaron a José. ¿Qué lo hace tan especial que pueda regir sobre nosotros?, pensaron.

¿No nos sucede lo mismo a nosotros muchas veces? A menudo pensamos que sólo una persona puede tener un sueño. Pensamos que sólo puede haber una visión y que los demás debemos apoyarla. En nuestras iglesias hablamos de "la visión de la casa" como si fuera la única visión que todos debemos seguir, un sueño ante el cual todos nos debemos inclinar.

Los hermanos de José no supieron separar el sueño de Dios de la persona de José.

Sin embargo, Dios quiere derramar Su Espíritu sobre toda carne. Quiere darnos un sueño a todos. Quiere darnos una visión a todos.

Los hermanos de José no pudieron entenderlo. Ellos supusieron que sólo podía haber un líder. La caja en la cual se encontraba su mente, les impidió ver el panorama más amplio y les hizo despreciar algo que nació del mismo corazón de Dios. Lo cierto era que Dios tenía un sueño para todos ellos. Cada individuo de ese grupo tenía un destino profético propio y único.

Si leemos algunos capítulos más adelante, veremos cómo el mismo Jacob ve la pluralidad de la visión que Dios había preparado para cada uno de ellos. En

Génesis 49, justo antes de morir, Jacob profetiza y declara la visión de Dios para cada uno de sus hijos. Dios no tenía un sueño y una visión sólo para José. Él tenía una visión para todos ellos. Pero ellos no pudieron ver la realidad, lo cual los hizo despreciar algo que Dios mismo había comenzado a hacer. Tendrían que haberse dado cuenta de que ellos mismos podían tener un sueño también. Que Dios deseaba manifestarse a través de cada uno de ellos tanto como lo haría a través de José.

Debieron darse cuenta de que José también se hubiera inclinado ante la presencia de Dios que se hubiera manifestado en la vida de cada uno de ellos si hubieran seguido los sueños que Dios tenía para ellos. Esto es lo que podemos aprender de todo eso:
- Dios derrama Su Espíritu sobre toda carne.
- Nadie tiene la exclusividad del sueño de Dios. Él quiere dar a cada individuo un sueño.

A nivel colectivo, a medida que caminemos en esos sueños, nos inclinaremos los unos delante de los otros al ver a Dios manifestado en todos y cada uno de nosotros. Yo me inclinare ante ti y tu sueño, y tú te inclinarás ante mí y mi sueño. Los hermanos de José no lograron entender esto, pero nosotros lo haremos.

Todos soñaremos en grande y nos apoyaremos mutuamente. Destruiremos todas las cajas que se interpongan en nuestro camino.

¡Hoy mismo comenzaremos a SOÑAR EN GRANDE!

Preguntas para reflexionar

Por favor anota los puntos destacados que quieres recordar, los pasos que tomarás y el nuevo enfoque que has obtenido a través de este libro.

Palabras adicionales del autor

SI LLEGASTE HASTA ESTA PÁGINA, probablemente signifique que el mensaje de *Fuera de la caja: Descubriendo nuevos paradigmas* haya tenido un impacto en ti. Pero antes de que guardes el libro, quiero compartir algunos pensamientos adicionales contigo. (No te preocupes, no es largo).

Mi esperanza es que el mensaje que acabas de leer te haya capacitado y animado a soñar más allá de tu realidad actual. Dios puede –y quiere– darte mucho más de lo que puedes soñar o imaginar (Efesios 3:20). Mi oración es que hayas podido captar un vistazo de esa verdad a partir de lo que has leído en las páginas de este libro.

Las historias personales revelan un recorrido personal

Antes de publicar *Fuera de la caja,* entregué copias del manuscrito a unas cincuenta personas cercanas a mí y cuya opinión valoro mucho. Muchos de ellos contribuyeron con recomendaciones que se encuentran en las primeras páginas del libro. Además, recibí muchos aportes de parte de ellos que he incorporado en la versión final de *Fuera de la caja.* Una sugerencia que se repitió muchas veces fue la de incluir una sección de preguntas al final de cada capítulo, lo cual, como verás, he incluido en el producto final.

Otra observación que recibí es que, al comienzo del libro, compartí muchas historias personales, lo cual dejé de hacer hacia finales del libro. Me di cuenta de que era verdad. ¿Por qué reduje el uso de historias personales?, me pregunté. Por cierto, a medida que avanza el libro, los conceptos se vuelven más abstractos. De allí la sugerencia de incluir historias personales a lo largo de todo el libro.

Lo pensé, oré y hasta conversé con algunos amigos al respecto. A partir de ese proceso, me di cuenta de que, si bien el libro está escrito con un tono profético, de revelación y con lenguaje conceptual, sigue siendo muy personal, aunque no incluya mis historias. Yo he vivido, y estoy viviendo, cada una de las fases de este proceso de salir de la caja, tal como las describo en cada capítulo. *Fuera de la caja* es, literalmente, el resultado de una experiencia personal de veinte años, volcada en un libro.

De hecho, este mensaje está tan profundamente encarnado en mí, que escribí casi todo el libro en un fin de semana. Dado que esto había sido parte de mi vida durante tanto tiempo, me resultó fácil volcarlo en el libro. En este proceso, me di cuenta de que el Señor me hizo escribir este libro para un tiempo como éste, para ser un llamado a la iglesia a pensar más grande y más profundamente. Escribirlo me salió naturalmente y sentí la unción del Señor a medida que desarrollaba cada capítulo. ¿Por qué fue, entonces, que reduje el uso de historias personales al avanzar los capítulos?

Mi recorrido no es un mapa

Creo que la razón es la siguiente: el mensaje de *Fuera de la caja* es, justamente que necesitamos alejarnos de los paradigmas establecidos para que Dios nos pueda hablar de nuevas maneras que nos permitirán avanzar al futuro para descubrir territorios desconocidos que ha preparado sólo para nosotros. Usar demasiados ejemplos e historias personales de cómo Dios me guio en este recorrido conlleva el riesgo de que otros piensen que deben modelar su experiencia siguiendo la mía. Créeme que he visto como esto ocurre una y otra vez. El poder del testimonio personal, el recorrido que tuve que hacer y las decisiones que tuve que tomar, tienen el potencial de crear, precisamente, lo que no quiero: otra caja.

Si digo: "Esto es lo que Dios hizo en mi vida y estas son las decisiones que tuve que tomar para obtener estos resultados", puede surgir, en el lector, la tentación de simplemente repetir la "fórmula" para obtener los mismos resultados. Al compartir demasiadas historias personales podría condicionar a los lectores a abrazar un "nuevo conjunto de reglas" como respuesta a su situación actual.

Lo que está fuera de la caja para mí, puede no estarlo para ti. Cada uno de nosotros debe recorrer su propio camino. Cada uno tiene sus propias decisiones poco convencionales que tomar. Dios nos habla de distintas maneras a cada uno. De hecho, Dios puede instruir a dos personas a hacer exactamente lo opuesto en la misma situación, pero, en ambos casos, su objetivo puede ser sacarlos de sus respectivas cajas. No quiero que mi historia personal se convierta en el mapa que sigas para salir de la caja. Debes crear tu propia historia. Debes abrirte tu propio camino hacia la grandeza.

Fuera de la caja: Como una perla preciosa

Aunque el proceso de salir de la caja nunca termina, dado que siempre hay nuevas capas que ir retirando de nuestras vidas condicionadas, puedo decir lo siguiente: en este momento, estoy viviendo la vida que siempre quise vivir, y mucho más.

Muchas de las palabras proféticas lanzadas sobre mi vida han ocurrido. No sólo en un área de mi vida, sino en muchas, he visto cómo Dios me llevó a lugares que nunca imaginé alcanzar.

A nivel ministerial, me ha conectado a un nivel de autoridad e influencia que es increíble. Mi vida familiar es asombrosa, y mis hijos están viviendo sus propias vidas "fuera de la caja", guiados por el Espíritu Santo, cada uno a su propia manera.

He experimentado una increíble abundancia financiera. Soy dueño de varias empresas que han sido bendecidas más allá de lo que pensé que fuera posible. Y, más importante aún, siento que estoy viviendo mi destino profético de una manera poderosa.

Habiendo dicho esto, puedo decir, con certeza, que las bendiciones que he cosechado a lo largo de mi vida, son el resultado del proceso que he descrito en el libro. No es un recorrido para los débiles de corazón. Es necesario ser valiente para atreverse a innovar, a crear algo nuevo, y a seguir la dirección del Señor. Salir de la caja requirió que yo tomara decisiones poco convencionales, me negara a expectativas familiares, quemara puentes, asumiera grandes riesgos, muriera a mí mismo a diario, dijera que sí cuando todos decían que no, desafiara el status quo, y sumergiera constantemente en lo desconocido.

No siempre ha sido fácil, pero el destino hace que el trayecto valga la pena. Serás desafiado y enfrentarás oposición, a veces de la gente que menos esperarías que se te opusiera. La recompensa, sin embargo, es asombrosa. El impacto que tendrás en el mundo que te rodea lo merece todo.

En Mateo 13:45-46, Jesús dijo que cuando el mercader que buscaba buenas perlas encontró la perla preciosa, vendió todo lo que tenía y la compró. Encuentra esa perla que el mercader encontró. Porque, cuando lo hagas, ¡valdrá la pena arriesgarlo todo para tenerla!

Notas

www.ingramcontent.com/pod-product-compliance
Lightning Source LLC
Chambersburg PA
CBHW070545090426
42735CB00013B/3077